Amandine MORICE

Nicolas d'HERVÉ

JUSTICE DE SÛRETÉ ET GESTION DES RISQUES

Approche pratique et réflexive

Préface de Martine HERZOG-EVANS

L'HARMATTAN

© L'Harmattan, 2010
5-7, rue de l'Ecole polytechnique, 75005 Paris

http://www.librairieharmattan.com
diffusion.harmattan@wanadoo.fr
harmattan1@wanadoo.fr

ISBN : 978-2-296-12559-9
EAN : 9782296125599

C'est avec un grand plaisir que nous réservons ces lignes en signe de gratitude et de reconnaissance aux professionnels et syndicats qui ont contribué à l'élaboration de ce travail. Nous tenons à les remercier chaleureusement de nous avoir reçus en entretiens, faisant preuve d'une grande disponibilité et d'une particulière attention. Le présent recueil leur est ainsi dû. Qu'ils le comprennent comme le remerciement le plus sincère que nous puissions leur adresser.

Nous associons également à ces remerciements nos directrices de mémoire de Master II de l'Université de Nantes, Martine Herzog-Evans et Virginie Gautron, pour leurs conseils avisés et la possibilité qu'elles nous ont offert de publier nos recherches. Nous les remercions enfin vivement, ainsi que Jean Danet, pour leur relecture de l'ouvrage.

Nous remercions tout particulièrement Martine Herzog-Evans pour son soutien et l'honneur qu'elle nous fait d'avoir rédigé une préface à cette publication.

« *Si l'homme échoue à concilier la justice et la liberté, alors il échoue à tout* ».

Albert CAMUS
Extrait des *Carnets*

« Les coupables ne sont pas coupables parce qu'on a démontré leur culpabilité. Ils le sont parce qu'ils doivent expier, parce qu'ils sont désignés pour cela. »

Antoine GARAPON et Denis SALAS
Les nouvelles sorcières de Salem, Seuil, 2006

Principales abréviations

Art. .... Article
CHAP .... Chambre de l'application des peines
CMU .... Couverture maladie universelle
CNO .... Centre national d'observation, centre pénitentiaire de Fresnes
CNCDH .... Commission nationale consultative des droits de l'Homme
C. pén .... Code pénal
C. pr. pén .... Code de procédure pénale
CPMS .... Commission pluridisciplinaire des mesures de sûreté
DIRSP .... Directeur interrégional des services pénitentiaires
Ed .... Edition
Etc .... Et cætera
FIJAIS .... Fichier judiciaire automatisé des auteurs d'infractions sexuelles
HDT .... Hospitalisation à la demande d'un tiers
HO .... Hospitalisation d'office
Ibid .... Idem
JAP .... Juge d'application des peines
JRRS .... Juridiction régionale de la rétention de sûreté
LC .... Libération conditionnelle
P, pp .... Page(s)
PSEM .... Placement sous surveillance électronique mobile
Préc .... Précité
QHS .... Quartier de haute sécurité
QSR .... Quartier de sécurité renforcée
RCP .... Réclusion criminelle à perpétuité
SME .... Sursis avec mise à l'épreuve
SMPR .... Service médico psychiatrique régional
SPIP .... Service pénitentiaire d'insertion et de probation
SJPD .... Surveillance judiciaire des personnes dangereuses
TAP .... Tribunal de l'application des peines
TGI .... Tribunal de grande instance

Avant-Propos

Cet ouvrage est une compilation d'entretiens réalisés dans le cadre du mémoire de Master II de droit pénal et sciences criminelles de l'Université de Nantes. Les sujets de recherche étaient les suivants : *Les commissions pluridisciplinaires des mesures de sûreté, le nouveau paradigme de la gestion des risques* [Nicolas] et *La rétention de sûreté, d'une justice de responsabilité vers une justice de sûreté ?* [Amandine]. Les vingt trois entretiens que nous avons menés sur six mois, à Nantes, Rennes, Caen, Poitiers et Paris, ont été enregistrés puis intégralement transcris. Si nous avons été reçus individuellement la plupart du temps, nous avons néanmoins rencontré conjointement à la section nationale du Syndicat de la magistrature, Mme Rateau et M. Bonduelle ; au tribunal de grande instance de Caen, Mesdames Herin et Delhaye, juges d'application des peines, et au centre pénitentiaire de Nantes, M. Page et Mme Jusselme.

L'objectif de ces travaux de recherche était d'aller au contact de ces professionnels pour comprendre comment, dans la diversité de leurs fonctions, ils abordaient ces sujets complexes. Nos recherches avaient donc une visée pratique. Pour autant, cela n'empêchera pas, bien au contraire, de débattre des droits fondamentaux et des grands principes de droit pénal et de procédure pénale avec nos interlocuteurs. C'est tout l'intérêt de ce travail que de confronter non seulement les réponses des professionnels entre eux, mais également les pratiques de chacun avec ces grands principes. Comment magistrats, avocats, psychiatres, membres de commissions et syndicats se positionnent-ils face à cette mutation du droit pénal *lato sensu*, qui implique des changements non négligeables dans leurs pratiques ? La remise en cause de plusieurs praticiens sur le sens de leur exercice professionnel, parfois même sur le sens de leur engagement personnel, nous permet de penser que se jouent actuellement des mutations dans les pratiques judiciaires, que nous avons souhaité ici, mettre en exergue.

Nous avons ainsi fait le choix de construire cet ouvrage sous la forme de neuf chapitres, reprenant les grands thèmes abordés en entretiens, avec comme fil rouge une question : comment (re)penser les pratiques judiciaires à travers le prisme des réformes actuelles bouleversant non seulement la procédure pénale, mais aussi et surtout, les principes fondamentaux ?

Pour des questions évidentes de contraintes d'édition, nous ne livrons dans cet ouvrage qu'une sélection de passages jugés les plus pertinents au regard des thématiques abordées. Alors que nous avons rencontré le plus souvent les professionnels individuellement, nous avons souhaité, à partir de ces extraits d'entretiens, construire des tables rondes virtuelles afin de confronter les différentes réponses des praticiens autour de certaines thématiques, auxquelles nous nous sommes, avec eux, confrontés. Cette construction permet de fusionner les multiples réponses au sein d'une même réflexion se déroulant tout au long de l'ouvrage. En somme, cette publication doit être comprise non comme l'adjonction inerte de fragments d'entretiens, mais bien comme une discussion générale donnant la parole tour à tour aux différents professionnels, apportant leur regard critique et circonstancié sur les sujets que nous avons livrés à leur réflexion.

Dans la mesure du possible, nous avons essayé de regrouper les interventions d'un même interlocuteur afin de garder une certaine cohérence entre les interventions successives. Enfin, la transcription des entretiens se veut la plus fidèle possible, bien que la syntaxe ait été quelque peu modifiée afin de livrer une lecture plus agréable des propos tenus à l'oral.

Préface

Loin du complaisant « tout fout le camp » selon lequel les étudiants seraient « toujours plus nuls », notre constat est bien différent. Depuis que nous enseignons en particulier en troisième cycle (soit depuis près de quinze ans), nous constatons à l'inverse une plus grande implication de ceux-ci, un travail toujours plus approfondi et de qualité. Il en va tout particulièrement ainsi lorsque les sujets de mémoire qui leur sont proposés les conduisent - souvent hélas pour la première fois - à rencontrer des praticiens, des services et institutions, des justiciables. Lier enfin la théorie à la pratique les passionne le plus souvent, infirmant d'ailleurs parfois des choix professionnels initiaux, mais en en suscitant bien souvent de nouveaux. S'agissant de l'application des peines, la découverte de la théorie est généralement contemporaine de celle du terrain, puisque cette discipline n'est enseignée le plus souvent qu'en cinquième année. La très grande qualité des travaux ainsi produits par les étudiants n'en est que plus remarquable. C'est dans ce cadre que s'inscrit le présent ouvrage.

Si nous avons déjà pu proposer à la publication les travaux de certains de nos étudiants, il s'agissait généralement de leur thèse ou mémoire. La présente recherche est à cet égard particulière. Elle s'appuie en effet sur des entretiens réalisés en commun, par deux étudiants dont les mémoires respectifs étaient suivis par ma collègue Virginie Gautron, pour l'une, par moi-même, pour l'autre. L'extrême richesse des entretiens doit certes aux personnes qui ont été interrogées par Amandine Morice et Nicolas d'Hervé. Elle doit toutefois tout autant à la pertinence de leurs questions et à la grande intelligence des relances qu'ils opèrent au vu des réponses qui leur sont apportées.

Amandine Morice et Nicolas d'Hervé ont d'abord et avant tout absorbé les éléments essentiels d'un débat récemment importé en France, autour des politiques « get tough » centrées sur le risque (voir par ailleurs les écrits de David Garland, Gordon Hughes, ou Loïc Wacquant, parmi bien d'autres). Ils ont ensuite parfaitement maîtrisé l'environnement juridique national dans lequel ce débat s'inscrivait. Ils ont su enfin creuser au détail près (comparution, composition, visioconférence, motivation, prise de parole, poids du psychiatre et du psychologue…) - mais « le diable se loge dans le détail » - toute la dimension concrète du fonctionnement de l'une des surprenantes manifestations franco-françaises de ces politiques, qu'est la commission pluridisciplinaire des mesures de sûreté.

C'est que la France offre sur ces questions un visage particulier : alors que les politiques pénales tablent de manière purement idéologique sur l'idée qu'il convient de « soigner » le crime tout autant que le punir, ce pays ne dispose ni des armées de criminologues cliniciens aptes à les mettre en oeuvre - à les supposer pertinentes – ni d'ailleurs des fondements théoriques de « what works », faute de facultés de criminologie, de recherche et surtout de recherche de qualité scientifique suffisante. Ce pays est dirigé sans aucun égard pour la science dans un constant tâtonnement brouillon dont le présent ouvrage constitue l'éclatante illustration. Combien est par exemple inquiétante cette réponse qui est faite aux auteurs par un psychiatre, pourtant seul à s'exprimer et à être écouté au sein de l'une des CPMS étudiées, selon qui, par définition, un délinquant sexuel est récidiviste, contre toute évidence scientifique, comme ceux-ci le lui font d'ailleurs observer.

Combien est absurde la composition de cette prétendue commission « pluridisciplinaire », qui ne rassemble finalement que des personnes n'ayant strictement aucune compétence criminologique, mais agrégées là pour en donner l'impression et parallèlement défendre - a-t-on imaginé - sinon des intérêts, du moins des points de vue, des partis pris. Cela l'ouvrage le démontre et l'illustre abondamment. Cependant l'être humain est plein de ressources et ce que montre également le travail d'Amandine Morice et Nicolas d'Hervé est que certaines CPMS ont pu atténuer par leurs pratiques (par ex. la comparution du condamné) et par leurs questionnements (juridiction ? Commission ?) une partie de l'immense absurdité qui avait présidé à leur instauration. Pas au point certes, de donner un sens à cette institution ni à décourager de demander leur abolition, mais sans doute de rassurer sur l'usage qui peut être fait de lois contestables, inquiétantes, liberticides même, qui conduisent au nom de la sécurité publique, mais sans aucun égard pour la réalité, ou l'efficacité, avec une improvisation brouillonne nourrie d'idéologie, mais non de science, de populisme mais non d'utilité, à instaurer des mesures de sûreté de plus en plus nombreuses, juridiquement complexes et toujours plus rétroactives et longues. Croyant religieusement à la protection contre l'arbitraire par le droit, le législateur a cru protéger les libertés individuelles en prévoyant diverses « garanties » processuelles : expertises obligatoires, débat contradictoire, juridictions spéciales, recours et… tri effectué par les CMPS. Ce que démontre le travail d'Amandine Morice et Nicolas d'Hervé est que la procédure n'est en rien le garde fou du fond, chacun se tournant vers le précédent (l'expert sur les expertises antérieures, la CPMS sur les expertises et sur le psychiatre, lequel fait confiance à ses collègues experts, la juridiction de premier degré sur la CPMS et les experts, la cour d'appel sur l'ensemble de ces personnes).

C'est une leçon pour les juristes : le droit peut être scélérat et la procédure une désolante caution morale.

Martine HERZOG-EVANS, professeur à l'Université de Reims
http://herzog-evans.com

Introduction

« Nous passons d'une justice de responsabilité à une justice de sûreté. C'est un tournant très grave de notre droit. Les fondements de notre justice sont atteints. Que devient la présomption d'innocence, quand on est le présumé coupable potentiel d'un crime virtuel ?»[1]. Nous assistons ici à la résurgence de mesures, de dispositifs comme dirait Michel Foucault, qui illustrent le passage d'une pénalité dite classique à une pénalité postmoderne. La justice pénale est arrivée à un « tournant »[2] dans son histoire et la mutation du sens de la peine est là pour en attester. L'irruption des mesures de sûreté va bouleverser toute l'économie structurelle du champ pénal. L'objet de ces nouvelles mesures, de part le continuum de surveillance et de contrôle qu'elles instaurent à l'extérieur de la prison, ne consiste pas en « une quelconque désinstitutionalisation mais elles diffusent et étendent l'institution disciplinaire sous une forme atténuée »[3].

Le 25 février 2008, le législateur créait ainsi trois nouvelles mesures de sûreté que sont l'assignation à domicile, la surveillance de sûreté et la rétention de sûreté. Ces mesures permettent, après la peine minimale de quinze années de réclusion criminelle et concernant certaines infractions particulièrement graves, d'exercer un contrôle plus ou moins long sur la personne, eu égard à sa « dangerosité ». Ainsi, la surveillance de sûreté consiste à prolonger, pour un an renouvelable indéfiniment, les obligations de la surveillance judiciaire, à savoir notamment l'injonction de soins et la surveillance électronique mobile. La rétention de sûreté consiste, quant à elle, dès lors que la cour d'assises l'aura prévue, à enfermer,

---

[1] BADINTER R., « Une période sombre pour notre justice », *Le Monde*, Édition du 24 février 2008.
[2] DANET J., *Justice pénale, le tournant*, Gallimard, 2006.
[3] RAZAC O., «Les ambiguïtés de l'évolution de l'application des peines à l'aune des «nouvelles mesures de sûreté»», *AJ Pénal*, Octobre 2008, p.398.

également pour une durée d'un an renouvelable indéfiniment, la personne « dangereuse » dès la fin de sa peine dans un centre socio-médico-judiciaire situé actuellement à Fresnes. La violation des obligations de la surveillance de sûreté entraîne un placement en rétention de sûreté. Loin de constituer une exception française, l'Europe a vu fleurir ce type de centres fermés peu ou prou similaires, en Allemagne, en Suisse ou encore aux Pays-Bas, caractérisant ainsi un mouvement global.

Parallèlement, la commission pluridisciplinaire des mesures de sûreté (CPMS), créée par la loi du 12 décembre 2005 pour émettre un avis sur la dangerosité du condamné dans le cadre d'un placement sous surveillance électronique mobile, devient compétente pour émettre un avis sur la dangerosité des réclusionnaires à perpétuité qui sollicitent une libération conditionnelle, ainsi que les détenus pour lesquels il est envisagé une mesure de surveillance ou de rétention de sûreté. Cette commission, composée de sept praticiens, comprend un président de chambre de Cour d'appel, un psychiatre, un psychologue, un avocat, un représentant de l'administration pénitentiaire, un représentant du Préfet et un représentant d'une association d'aide aux victimes. Les CPMS qui siègent à Lille, Rennes, Bordeaux, Paris, Lyon, Marseille, Fort-de-France et Nancy émettent donc un avis sur la dangerosité de la personne détenue sur la base d'expertises préalables, et le transmettent aux juridictions chargées de prononcer l'une des mesures énoncées.

Justice de sûreté donc et gestion *des* risques au pluriel. Si en effet le principal risque qui tend à être évité par les différentes politiques pénales est bien le risque de récidive, particulièrement pour les délinquances sexuelles, il existe un autre risque pour l'institution, celui de ne pas prononcer de mesures de sûreté tendant à protéger non seulement la société mais également l'institution en cas de fait divers. Le risque parasite progressivement les pratiques judiciaires au point que, désormais, la moindre décision d'aménagement de peine est perçue comme une prise de risque. Cette gouvernementalité néolibérale[4] renvoie ainsi à une gestion de type managérial aussi bien pour les délinquants que pour les personnels judiciaires et parajudiciaires.

---

[4] GARAPON A., «Un nouveau modèle de justice : efficacité, acteur stratégique, sécurité», *Revue Esprit*, Novembre 2008.

L'objet de cette étude est avant tout d'appréhender le fonctionnement concret des commissions pluridisciplinaires ainsi que la notion même de dangerosité, envisagée sous l'angle de son évaluation (chapitre 2). À la rhétorique sur la dangerosité, il faudra donc apporter la vision pragmatique du fonctionnement concret des commissions ; comprendre les enjeux d'une évaluation qui associe tout autant la malléabilité d'un concept à géométrie variable, qu'une pratique casuistique différentielle des commissions (chapitre 1).

Le processus décisionnaire est quant à lui très révélateur de l'évolution judiciaire faisant une place grandissante aux expertises. Nous verrons que le jeu de la dangerosité est verrouillé dès le moment où une expertise vient poser un constat de dangerosité potentielle. Cette potentialité va vicier toute l'organisation judiciaire à travers la notion de risque. Ainsi, l'expert préférera n'exclure aucun risque d'un éventuel nouveau passage à l'acte (chapitre 4), là ou les juges d'application des peines ne prendront pas le risque d'aller contre l'avis des experts (chapitre 3). Une fois le processus enclenché, il semble peu probable que la machine s'arrête.

En adoptant une analyse comparative, il nous a été possible de rapprocher le fonctionnement des commissions pluridisciplinaires françaises du système néo-réhabilitatif canadien et de comprendre que les CPMS adoptent progressivement une gestion différentielle des profils de risques. Ce nouveau *management* des populations carcérales abandonne l'objectif de réhabilitation pour lui préférer la neutralisation des détenus présentant trop de risques, là où il facilitera le départ de l'institution des détenus à faible risque. Une nouvelle gestion des profils de risque se met ainsi en place (chapitre 5).

Nous reviendrons ensuite sur la rétention de sûreté en elle-même, les problématiques qu'elle soulève non seulement en termes de gestion des détenus potentiellement éligibles à un enfermement perpétuel, mais également du point de vue des atteintes graves qu'elle porte aux principes fondamentaux de la justice pénale (chapitre 6). La notion de soins en rétention, sur laquelle le Conseil constitutionnel a rajouté une exigence, est symptomatique de la controverse que suscite cette mesure chez les praticiens. Le soin est-il l'objectif principal ou n'est-il qu'un alibi d'une neutralisation qui ne dit pas son nom ? (Chapitre 7).

Il sera également intéressant de s'interroger sur la place de l'homme criminel dans la société (chapitre 8), question souvent négligée du fait du manque de hauteur de la réflexion. Nous consacrerons enfin la dernière partie de l'ouvrage à une réflexion sur certains enjeux actuels auxquels sont confrontés les praticiens de la justice pénale (chapitre 9).

Cette étude se propose donc en partant d'une pratique, l'évaluation de la dangerosité par les commissions pluridisciplinaires des mesures de sûreté, de montrer comment la pénalité classique a muté vers une pénalité postmoderne, comment l'évaluation incertaine de la dangerosité peut être conceptualisée à travers la notion de risque et la gestion qui y est afférente.

Nous achèverons cette présentation par un éclairage sur la mutation des droits de l'homme. À l'occasion du débat sur le vote de la loi du 25 février 2008, les droits de l'homme ont connu une réinterprétation historique. Le président de la République, Nicolas Sarkozy, déclara ainsi : « Les droits de l'homme, c'est d'abord les droits de la victime. [...] Ma priorité ce sont les victimes et pas les coupables [...] »[5]. Étrange appropriation des droits de l'homme pourtant consacrés universels. Non seulement s'opère un déni des droits de l'homme envers ceux auxquels seront appliquées les mesures de sûreté[6], mais on a vu les défenseurs du texte arguer que le premier droit fondamental était la sécurité des victimes. Or, « la recherche de la sécurité et d'efficacité, bien que légitime et nécessaire, ne peut s'affirmer au détriment de la protection des droits fondamentaux. Le droit à la sûreté étant la marque de notre démocratie, le droit à la sécurité ne peut s'y substituer, ni même le supplanter »[7].

Les défenseurs de la loi dite « rétention de sûreté », bien loin de nier les droits de l'homme, les refondent dans une conception utilitariste, celle de la promotion de la sécurité. C'est pour permettre

---

[5] Propos tenus par Nicolas SARKOZY le 22 janvier 2008 dans un commissariat de Bordeaux, propos cités par Libération, Édition du 23 janvier 2008.

[6] On pense notamment à la violation de toutes les garanties attachées à la peine, malgré la décision hybride du Conseil constitutionnel qualifiant la rétention de sûreté de mesure de sûreté mais non rétroactive.

[7] GAUTRON V., « De la société de surveillance à la rétention de sûreté. Étapes, faux-semblants, impasses et fuites en avant », *AJ Pénal*, 2009, p.53 et s.

Introduction

l'exercice de ces droits et libertés qu'il convient d'assurer la sécurité. « Ce modèle doit donc s'interpréter non comme une régression antidémocratique mais comme une radicalisation de l'idée démocratique »[8] qui accapare le droit au profit d'une partie. Derrière cette nouvelle conception des libertés, se tapisse l'ère néolibérale qui réinterprète la liberté moins « comme autonomie politique que comme liberté de se consacrer à son bonheur privé »[9]. Cette nouvelle orientation apparaît très clairement dans les propos de Jean-Paul Garraud, qui dira : « Quand vous nous faites la leçon à propos des droits de l'homme, par une sorte de *perversion de la théorie des droits de l'homme*, je vous réponds que les droits de l'homme ce sont aussi les droits des victimes »[10]. On voit bien deux logiques qui s'affrontent : « Le néolibéralisme promeut les droits de l'homme « épée » au détriment des droits de l'homme « bouclier » »[11]. Les droits ne sont plus compris comme une protection commune des citoyens contre l'oppresseur (conception verticale) mais comme une protection individuelle des atteintes virtuelles des co-citoyens (conception horizontale). D'une théorie générale, nous sommes passés à un usage pragmatique. Peu importe que la personne qui est retenue n'ait pas commis d'acte, pourvu que le droit à la sécurité des citoyens soit garanti. « Ces mesures affectent sans doute les libertés publiques au sens classique, mais elles protègent la liberté des « honnêtes gens » qui ne se sentent donc pas concernés, [...] les droits des « gens qui se lèvent tôt »[12]. C'en est fini de la société conçue comme aventure collective. Place à l'individualisme, la sécurité et, partant, la précaution.

La gestion des risques ne permet pas d'éviter à 100 % une réitération. Dès lors, elle exacerbe la demande populaire qui ne tolère plus cette faille dans la matrice sécuritaire. Du légalisme, nous sommes passés à la dangerosité, puis au risque qui anticipe statistiquement l'acte qui pourrait être commis. Mais que faire quand même cette anticipation surréaliste ne suffit plus ? Il faut à ce moment-là, ne prendre plus aucun risque.

---

[8] Préc., GARAPON A., p.112.
[9] Ibid, p.113.
[10] Jean-Paul GARRAUD, Député UMP, débat à l'Assemblée nationale, 8 janvier 2008.
[11] Préc., GARAPON A., p.117.
[12] Ibid.

« À situation exceptionnelle, réponse exceptionnelle. À situation nouvelle, réponse nouvelle. En matière d'environnement, le principe de précaution est inscrit dans la Constitution, pourquoi ne pas l'appliquer aux victimes ?[13] » Voilà en quels termes la question est posée. La précaution se définit comme une menace générale et diffuse qui doit être traitée le plus tôt, contrairement au risque, qui est lui, bien identifié. Il s'agit donc de faire application de ce principe « afin d'éviter une éventualité improbable, et qui n'est même pas probabilisable »[14]. Quid, dans ce cas-là, des libertés fondamentales ? De quel poids pèsent-elles face à la pesanteur sécuritaire ?

Nous ne pouvons que craindre une dernière évolution qui signerait la fin du pacte social. Celle d'une transformation du principe de précaution « en principe de suspicion généralisée »[15]. Cette évolution digne d'un État autoritaire, au sens où Mireille Delmas-Marty[16] l'entend, nous plongerait, à nouveau, dans une période sombre de notre histoire. Heureusement, pour l'instant, nous perdurons dans un modèle État-société libéral, à dominante sécuritaire toutefois. Pour combien de temps encore ?

---

[13] Discours de Mme DATI, garde des Sceaux, lors de la présentation du projet de loi au Sénat, 17 juillet 2007, in SALAS D., « Etat de sécurité ou Etat de droit? L'hésitation », *Etudes*, Tome 408, 2008/4, p.464.
[14] CASTEL R., *L'insécurité sociale. Qu'est-ce qu'être protégé ?* Editions du Seuil et la République des idées, 2003, p.60.
[15] Préc., GAUTRON V.
[16] DELMAS-MARTY M., *Modèles et mouvements de politique criminelle*, Economica, 1982.

Chapitre 1. La pertinence structurelle de la commission pluridisciplinaire des mesures de sûreté

La commission pluridisciplinaire des mesures de sûreté a pour fonction d'évaluer la dangerosité des personnes qui lui sont présentées. Les deux variables que sont la composition de la commission et son fonctionnement vont relativiser voire subjectiver l'évaluation de la dangerosité. S. A. Shah notera ainsi que « la dangerosité peut être ressentie comme l'est la beauté ; selon l'appréciation de celui qui la considère »[17]. Alors, évaluation de la dangerosité et dangerosité de l'évaluation ? Seule l'histoire nous le dira. Pour l'instant, le manque de recul nous relègue derrière les barrières de la supputation et de la prospective.

La pluridisciplinarité, conception somme toute assez séduisante, va provoquer l'adjonction et parfois la confrontation des savoirs et expériences que les professionnels portent en eux. Rapports de pouvoirs et rapports de savoirs donc. Il convient néanmoins de s'interroger sur la manière dont le processus décisionnel associant plusieurs acteurs se concrétise au sein des commissions. Qui dit pluridisciplinarité, dit pluralité d'opinions et d'approches. Les différents membres de la CPMS n'auront assurément pas les mêmes apports, ce qui, par ailleurs, est propice à un débat fertile. Néanmoins, il conviendra de relever ce travers qui consiste à appréhender la

---

[17] SHAH, « Dangerosité : quelques considérations sur les plans légal, politique et de la santé mentale », *Déviance et société*, 1981, Volume 5, n° 4, p.372.

pluridisciplinarité en termes d'intérêts défendus, là où elle devrait servir uniquement à évaluer la dangerosité.

Mais est-on sûr d'avoir opéré le choix le plus judicieux pour apprécier l'état dangereux du condamné ? Il semble qu'il faille réexaminer l'opportunité de la création d'une pluridisciplinarité en raison du truchement, dans les récents débats, de la création d'une chaire de criminologie. Il n'est pas sûr, finalement, que ce soit tant la pluridisciplinarité que la composition actuelle de la commission qui fasse débat.

À ce titre, la présence d'un représentant d'une association d'aide aux victimes au sein de la commission fait problème. Si dans la pratique cette ambition de défense des victimes potentielles est très relative, il faut rappeler que le condamné est envisagé comme présentant toujours un risque à sa sortie d'agresser ces victimes potentielles. « La perspective de réintégration du condamné est moralement impossible tant la proximité avec la victime est étouffante »[18]. La présence de l'avocat dans la commission peut être, quant à elle, perçue comme l'expression d'un « garantisme sécuritaire »[19]. Cette présence étant finalement salutaire, bien que suspecte.

S'agissant du fonctionnement concret, les pratiques sont différentes du fait de la marge de manœuvre offerte par les textes. Le choix opéré à Rennes et Fort-de-France d'opter pour la visioconférence n'est ainsi pas le même que l'étude de la dangerosité sur dossier à Paris, Nancy, Lyon, Marseille ou Bordeaux. Ainsi, peut-on raisonnablement admettre qu'entre la comparution personnelle, la visioconférence et l'étude de cas sur dossier, la décision de la commission sera identique ?

Tirer un premier bilan de l'activité des CPMS est donc une entreprise délicate et nécessairement tronquée. En effet, les commissions ne sont saisies actuellement que des deux premiers cas

---

[18] SALAS D., *La volonté de punir, Essai sur le populisme pénal*, Hachettes Littératures, 2005, p.183.

[19] Expression empruntée à Jean DANET., « La rétention de sûreté au prisme de la politique criminelle : une première approche », *Gazette du Palais*, dimanche 2 au mardi 4 mars 2008, p.580.

de compétence[20]. Ceci étant dit, on constate actuellement un fonctionnement relatif et équilibré des commissions, puisqu'à Rennes, les avis favorables et défavorables s'équilibrent à hauteur de 50 % pour des mesures envisagées à 80 % dans le cadre de la surveillance judiciaire et à 20 % dans le cadre de la libération conditionnelle[21]. Cette relativité sera-t-elle toujours de rigueur dès lors que la commission se prononcera sur les deux derniers cas de compétence, à savoir la surveillance et la rétention de sûreté, pour des cas *a priori* plus graves ?

---

[20] La commission de Paris s'est néanmoins prononcée une fois sur une mesure de surveillance de sûreté.
[21] Données statistiques provenant de la commission pluridisciplinaire de Rennes. Les données des autres commissions n'étant pas disponibles ou inexploitables significativement.

Dans ce chapitre (par ordre d'intervention) :

Mme BIANCHI, avocate pénaliste

Mme DESBRUYERES, représentante du **Syndicat national de l'ensemble des personnels de l'administration pénitentiaire**

M. BONDUELLE, magistrat instructeur, représentant du **Syndicat de la magistrature**

Mme HERIN, juge d'application des peines au Tribunal de grande instance de Caen

Mme DELHAYE, juge d'application des peines au Tribunal de grande instance d'Argentan

M. CASTEL, Président de la CPMS de Paris

M. BEUZIT, Président de la CPMS de Rennes

M. BELAN, Substitut général près la Cour d'appel de Rennes

M. BIDET, représentant de l'administration pénitentiaire à la CPMS de Rennes

M. ARION, ancien avocat, représentant d'une association d'aide aux victimes à la CPMS de Rennes

M. PARANTHOINE, psychologue clinicien à la CPMS de Rennes, expert près la Cour d'appel de Rennes

M. MILLET, psychiatre à la CPMS de Rennes, expert près la cour d'appel de Rennes

Mme PICHON, juge d'application des peines au Tribunal de grande instance de Nantes

M. PINEAU, avocat à la CPMS de Rennes

M. BLOAS, représentant du Préfet à la CPMS de Rennes

Mme BERHAULT, Vice-Procureur au Tribunal de grande instance de Nantes

M. ROUSSEAU, avocat pénaliste, représentant du **Syndicat des avocats de France**

Section 1. La légitimité de l'évaluation pluridisciplinaire

Que pensez-vous de la création de commissions pluridisciplinaires pour évaluer la dangerosité ?

Mme BIANCHI : Dans la limite où on peut effectivement déterminer la dangerosité de quelqu'un, même si on imaginait qu'on peut le faire, la pluridisciplinarité est un plus. La question est de savoir ce que l'on met dans le pluridisciplinaire. Si c'est un représentant de l'État comme le représentant du Préfet, si c'est un représentant des victimes qui ont leur légitimité mais pas nécessairement dans ce cadre-là, est-ce que cela ne serait pas plus intéressant d'avoir des criminologues, universitaires, psychologues, psychiatres, magistrats, avocats ? C'est intéressant parce qu'il y a un avocat dans la commission. Il faut qu'il soit membre du Conseil de l'Ordre ; par contre, il ne faut pas être spécialisé en droit pénal, ce n'est pas une obligation. [...] Telle qu'elle est aujourd'hui agencée, la commission pluridisciplinaire ne me convient pas parce que j'estime qu'elle n'est pas à même de poser un diagnostic dont je ne suis pas sûre qu'il puisse être posé de toute façon.

Mme DESBRUYERES : Ce que je conteste, c'est : comment évaluer les choses sans s'entourer d'un minimum d'éléments qui permettent cette évaluation ? Moi je suis effarée de la manière dont cela se passe, effarée ! Ce que l'on évalue est très grave, avec des conséquences extrêmement importantes pour la personne. Je pense que le principe de la pluridisciplinarité est une bonne chose. Mais les membres de cette commission sont quand même sacrément critiquables à mon avis. Et après, la question est de savoir sur quels éléments ils se penchent pour faire cette évaluation. En principe, l'idée de cette commission c'est que la pluridisciplinarité permet d'émettre un avis sur une éventuelle dangerosité ; mais s'ils sont un peu sérieux, ils vont au moins à la pêche aux informations et, *a minima*, c'est quand même un entretien avec la personne. Je ne vois pas comment ils peuvent évaluer autrement. Il y a quand même des conséquences très importantes.

Pensez-vous que la commission, pluridisciplinaire par définition, soit adaptée pour apprécier la dangerosité d'une

personne ? Pensez-vous que tous les membres ont un droit légitime d'y siéger ?

M. BONDUELLE : Il n'y a pas de représentant d'associations de réinsertion de détenus ? On sait tous que la dangerosité n'ayant pas de définition mais étant directement, dans le texte, connectée aux troubles de la personnalité, ce sont les psys qui vont l'emporter. Je dirais même que c'est le psychiatre qui va l'emporter. Donc on rejuge en fait ! Ça va être ça ! C'est le jugement perpétuel ! Jugement perpétuel et peine infinie ! [...] Le mot dangereux est très dangereux.

Mme HERIN : Je suis quand même un peu embarrassée pour vous dire ça, parce que j'ai assisté à une réunion de la commission uniquement à l'audience avec le système de la visioconférence. On ne fait pas le tour de la question en un quart d'heure. En plus, je trouve que c'est compliqué avec la télévision parce que cela introduit une distance. [...] A priori, c'est vrai que mettre un psychiatre, un psychologue, un représentant de l'administration pénitentiaire, un représentant du Préfet, un représentant des victimes et puis un avocat, ça me paraît assez judicieux comme composition. Alors après, comment ça fonctionne...

Mme DELHAYE : La semaine dernière, j'ai assisté à un séminaire de formation sur la dangerosité, organisé par l'École nationale de la magistrature à Paris. Il y avait le Président de la CPMS de Lille qui est un président de chambre à la Cour d'appel de Douai, et qui n'est pas très content du fonctionnement de sa commission dans la mesure où il expliquait que lui seul avait connaissance du dossier. Donc il en faisait une synthèse, mais forcément, comme toute synthèse, sa vision des choses n'est pas forcément objective, même s'il faisait en sorte de l'être le plus possible ; et il ne trouvait absolument pas normal que les autres membres de la commission ne regardent pas le dossier.

Mme HERIN : Moi, la réunion à laquelle j'ai assisté [*journée de formation continue à la Cour d'appel de Rennes*] je trouvais que l'instruction était extrêmement sommaire, par rapport à ce que l'on peut faire aux audiences. Au TAP, par exemple, on compte 45 minutes voire une heure par dossier, et puis on rentre dans les détails des faits commis, de la trajectoire du détenu, des différentes expertises, des projets. Alors que là, à part un rappel de la condamnation... mais une fois que l'on a dit qu'il avait été condamné pour viol sur mineur, ça recouvre quand même des réalités assez différentes. Et puis c'est vrai que les détenus ne s'expriment déjà pas forcément facilement en audience, mais alors là, avec la médiation de la télé... [...]

N'était-il pas envisageable de n'avoir qu'une audience devant le TAP, avec les membres de la commission ?

M. CASTEL : Effectivement, on pourrait envisager un système alternatif où le TAP ou la Cour d'appel statuerait en formation élargie en incorporant les membres de la commission. Cela présenterait en tout cas l'intérêt d'accélérer le processus. Le fait de transiter par la commission allonge les délais. La commission de Paris est encombrée et les membres de la commission ne sont pas disponibles à 100 %.

***

M. BEUZIT : Ce que je regrette le plus c'est l'absence d'un ministère public. Parce qu'on se retrouve sans avis du ministère public. C'est peut-être parce que je suis habitué au judiciaire. Quand la commission entend la personne par visioconférence (parce qu'on ne fait pas venir la personne, ce qui supposerait des transferts, et puis on n'est pas en audience, donc depuis septembre 2008, on fonctionne systématiquement en visioconférence), la personne est assistée, si elle le souhaite, d'un avocat. Mais il manque le ministère public.

La composition de la commission est plutôt administrative. Quand on a rencontré M. Beuzit, il nous a dit qu'il regrettait l'absence d'un ministère public. Qu'en pensez-vous ?

M. BELAN : C'est une commission qui ne remet qu'un avis ; ce n'est donc pas une juridiction. Il n'y a pas de parties, pas de procès et donc pas de représentant de la société. Mais on aurait pu, en effet, très bien imaginer qu'il y ait un magistrat du parquet qui siège au sein de cette commission avec les autres membres.

Même s'il y a déjà le représentant du Préfet ?

M. BELAN : Bien sûr, on a peut-être voulu ne mettre qu'un représentant du Préfet pour que la commission ne puisse pas être assimilée à une juridiction. Il y a aussi le représentant de l'administration pénitentiaire. Mais un magistrat du parquet, qui est familier des dossiers criminels, aurait pu trouver sa place au sein de cette commission et donner lui aussi un avis utile. Je partage l'avis du Président Beuzit. Il en a été décidé autrement, mais la COPMES est composée de gens de grande qualité.

En quoi la place du représentant du Préfet, de l'administration pénitentiaire et du représentant d'une association de victime au sein de la commission pluridisciplinaire est-elle légitime ?

M. BIDET : Je pense qu'ils ont leur place. Maintenant, il faut veiller, et c'est de la responsabilité du Président de cette commission, que chacun des membres ait le même poids, le même temps de parole. Il ne serait pas normal que le représentant du Préfet ait un avis qui pèse plus que les autres membres. La présence du représentant d'une association d'aide aux victimes ne me paraît pas saugrenue, même dans le post-sententiel. Il ne s'agit pas, là-encore, de surreprésenter la parole des victimes, mais il faut l'entendre aussi. Chacun doit avoir sa place et son avis sur le devenir de condamnés après l'exécution de leur peine, sur leur niveau de dangerosité... C'est en même temps la société civile qui est représentée par cette association de victimes, donc c'est important [...].

Tous les membres participent-ils de la même manière lors des réunions de la commission, ou certains membres participent-ils plus que d'autres ?

M. ARION : Le représentant du Préfet est quelques fois plutôt discret mais ce n'est pas une critique. C'est l'attitude du fonctionnaire qui est délégataire du Préfet et qui était de n'intervenir qu'à bon escient et que lorsque cela est vraiment nécessaire. Le Directeur interrégional de l'administration pénitentiaire, lui, a un avantage que les autres membres de la commission n'ont pas : c'est qu'il connaît tout le dossier de détention de l'intéressé. C'est très important car quelques fois, il est amené à nous donner des éléments qui donnent un ton particulier au dossier, soit dans un sens favorable, soit dans un sens moins favorable.

M. CASTEL : Les débats sont réellement très ouverts. [...] Je donne la parole à chacun. Au départ, il y a un rapport sur l'affaire.

Tous les membres de la commission ont une copie du dossier ou des pièces essentielles. Ils arrivent en connaissant le dossier. Le rapport a pour objet de recadrer les choses. Puis, la discussion s'engage de manière informelle. À la fin, je donne la parole à chacun, à tour de rôle, en demandant de formuler son avis. Par exemple : avis favorable sous réserve qu'il y ait une période de semi-liberté assez longue.

M. PARANTHOINE : Pour la commission, on nous donne l'antériorité des expertises des détenus et au moment de la commission, on a une visioconférence avec les détenus pour leur poser des questions au regard de ce que l'on a pu ressortir des expertises précédentes. Ce qui est étonnant c'est que c'est que l'on nous dit : « Messieurs les psychologue et psychiatre, allez-y ! » Très clairement ! On compte sur nous pour poser les questions. Entre le psychologue et le psychiatre, c'est vraiment : « à vous messieurs ! »

Ne trouvez-vous pas que les deux experts psychiatre et psychologue ont un certain « monopole » des questions posées aux détenus, d'autant plus pour ceux présentant des problématiques sexuelles ?

M. BIDET : Sur les agressions sexuelles, oui. Mais peut-être parce qu'on se censure un peu trop. Maintenant, peut-être que c'est mieux que ce soit un expert qui pose cette question, la réponse du condamné sera peut-être plus authentique, en tout cas l'expert peut l'évaluer. Alors que moi, si je pose la question au condamné : « avez-vous toujours une érection ? », le condamné peut se dire : mais ce directeur de prison, de quoi il se mêle ? Il l'acceptera mieux de l'expert. Chacun est un peu dans son rôle. Moi, j'ai ressenti peu d'intérêt à poser des questions aux condamnés eux-mêmes, dans ce cas-là, parce qu'honnêtement, j'avais un dossier qui me permettait de répondre à certaines interrogations. Donc je ne me suis pas permis d'alourdir la séance, on est tous conscients du temps. Mais c'est vrai que les experts sont à la fois plus offensifs, et on attend d'eux qu'ils le soient, qu'ils nous éclairent sur un certain nombre de données psycho-criminologiques.

C'est vrai que de par leur orientation, on comprendrait peut-être moins que le représentant de l'association d'aide aux victimes ou le représentant du Préfet, interviennent directement, posent des questions.

M. BIDET : Là, il s'avère que le représentant du Préfet et de l'association d'aide aux victimes étaient assez taisants.

Peut-être cela s'apprécie-t-il plus au niveau de leur positionnement, du message qu'ils veulent faire passer, des intérêts qu'ils défendent, alors que les experts, vous ou le Président, avez peut-être des questions un peu plus pointues sur le parcours pénitentiaire notamment.

M. BIDET : Oui, tout à fait.

Y a-t-il des « conflits » entre les membres ?

M. MILLET : Non, aucun. Cela se passe de façon très agréable. Un conflit peut être courtois, mais il y a très peu de conflits courtois. La plupart du temps, les choses sont perçues de la même façon.

***

Mme PICHON : Là, je suis en train de rédiger la saisine de la commission pluridisciplinaire des mesures de sûreté. C'est la première fois que je le fais. Je m'aperçois que je vais rendre quelque chose d'assez motivé. J'envisage assez peu de saisir par quelques phrases, quelques mots type. Je trouve que c'est un enjeu considérable. C'est le processus qui se met en place. Une fois qu'il est mis en route, à mon avis, il ne s'arrête pas vraiment, surtout pour les dossiers particuliers. Une fois qu'il est mis en route, il ne s'arrête pas ! En plus, une fois la mesure prononcée, les personnes pourront passer en surveillance de sûreté, éventuellement même en rétention de sûreté. Donc on voit bien que maintenant, l'échéance ce n'est pas seulement la fin de peine avec la surveillance judiciaire, c'est des années et des années plus tard. On sent que l'enjeu est tellement important qu'il faut vraiment faire un effort de motivation, d'explication, faire une synthèse des dossiers, enfin quelque chose de sérieux.

Que contient le dossier qui est envoyé à la commission pluridisciplinaire ?

Mme PICHON : Je vais sélectionner les principales pièces du dossier, mais il me semble quand même que les membres doivent avoir toutes les expertises, le réquisitoire, les rapports pénitentiaires récents, si on en a, les décisions qui ont pu intervenir. [...] Voilà, donc les éléments importants, avec une synthèse du dossier. Il me semble qu'il faut quand même adresser beaucoup de pièces.

M. BIDET : Dans le dossier qui est envoyé par la commission, on n'a pas grand chose. On a la saisine par le Procureur ou le JAP, les dernières expertises, et ça c'est important quand même, et on a l'arrêt de la Cour d'assises, c'est tout. Parfois on a les avis, quand le JAP a déjà les rapports socio-éducatifs, il les transmet. Mais si je n'avais que cela, je pense que je ne pourrais pas émettre un avis circonstancié. Donc ensuite, je me fais parvenir des éléments plus subjectifs, sur l'évolution de la personne, un rapport socio-éducatif un peu plus détaillé ou l'avis du chef d'établissement ; parce que dans les dossiers de la CPMS, parfois, on n'a même pas les avis des personnels pénitentiaires locaux. On a besoin de constituer cela.

Il faudra que je pose la question au Président parce que j'avais l'impression la dernière fois qu'il avait des éléments que je n'avais pas, qu'il avait récupéré des éléments par la suite. Par rapport au dossier initial qui nous avait été transmis, lui avait un autre dossier. [...]

Dès qu'on a le rôle que le greffe de la commission pluridisciplinaire nous transmet, des personnes qui vont être examinées, nous transmettons une demande au chef d'établissement concerné, dans lequel les intéressés sont incarcérés, pour pouvoir en effet, faire un rapport d'étape, un rapport socio éducatif. Donc théoriquement, on rassemble tous les éléments sur le parcours de l'intéressé, son évolution, son projet, puisque là on est dans le cadre d'un aménagement de peine. Donc quelle est la nature du projet ?, même si la commission n'émet pas un avis sur la fiabilité ou la qualité du projet d'insertion.

M. PINEAU : On a quand même un dossier complet avec beaucoup de pièces sur le fait lui-même qui a généré la condamnation pénale et toutes les évaluations psychiatriques et psychologiques, et puis des rapports qui sont quand même de très grande qualité qui sont ceux établis par le CNO désormais, dans le cadre de la nouvelle loi. C'est d'ailleurs très révélateur, très emblématique de la dernière session, l'incompréhension et donc le peu d'investissement des détenus dans ce nouveau passage au CNO alors que ce sont tous des détenus qui y sont initialement passés au début de leur parcours judiciaire. Sur le plan éthique, ça pose un problème : on est en début d'exécution de peine, de très longues peines, voire de peines perpétuelles. L'une des étapes obligées, c'est le passage au CNO avec une évaluation, une obligation d'introspection très importante. Je pense que symboliquement, se retrouver un peu dans la position de départ, c'est compliqué. On voyait beaucoup de détenus qui ne comprenaient pas cette nouvelle évaluation et qui en conséquence, s'étaient peu investis, au départ en tout cas, dans la mesure.

Comment les décisions sont-elles prises au sein de la commission ? Y a-t-il un principe d'unanimité ?

M. BLOAS : C'est un vote à main levée, c'est très informel. C'est Monsieur Beuzit qui mène les débats. C'est un principe de majorité. C'est assez éclaté, les attitudes et comportements ne sont pas stéréotypés, l'avis de la commission s'élabore de façon assez empirique. Monsieur Beuzit a choisi ce mode de fonctionnement, il aurait aussi pu choisir un vote à bulletin secret ; je crois qu'aucun texte ne prévoit cela. On essaie de voir globalement, très vite, au coup d'œil, s'il y en a qui sont plus favorables au bracelet.

Section 2. L'absence problématique de criminologues au sein de la commission

S'agissant de la forme pluridisciplinaire de la commission, cela vous paraît-il adapté pour apprécier la dangerosité d'un individu ? Que pensez-vous de la proposition faite par certains de créer plutôt un collège de criminologue, dont le but serait, justement, d'évaluer une dangerosité criminologique ?

Mme DESBRUYERES : Le criminologue n'existe pas vraiment. [...] Mais si la criminologie c'est l'étude du phénomène criminel, avec l'ensemble de ses composantes sociales, sociologiques, juridiques, alors le SPIP fait de la criminologie. Il est généraliste, il voit une personne, il envisage toutes les situations et voit quel fil il faut tirer pour limiter les risques de récidive. Donc je ne sais pas s'il faut des criminologues car on ne sait pas trop ce que c'est, mais par contre il faut des gens qui font de la criminologie ; c'est-à-dire des gens qui prennent tous ces facteurs-là en compte pour essayer d'évaluer comment, quelles méthodes, quels risques…

M. ARION : Des criminologues ? Oui, pourquoi pas. Mais il ne faut pas que cela soit en réalité des psychiatres ou des psychologues. Ils ont en effet parfois une manière de penser qui leur est spécifique. Si vous prenez comme criminologue quelqu'un comme Monsieur Bauer, qui est à la tête de l'Observatoire national de la délinquance, un homme qui a les pieds sur terre, qui a tout plein de petites cases dans la tête, qui sont toutes parfaitement rangées, qui fonctionnent dans l'ordre, oui d'accord, lui d'accord. Si vous m'en présentez six ou sept comme ça, pourquoi ne pas faire une commission de criminologues ? Mais je pense que, et le texte n'a pas fait de grosses difficultés pour passer, le panel des membres de la commission tel qu'il existe actuellement n'est pas si mal. [...]

M. CASTEL : Ajouter des criminologues ? Eventuellement. Pourquoi pas ! En tout cas, les avis sont argumentés. Chacun formule un avis argumenté en fonction de ses propres compétences.

M. BLOAS : Un criminologue ne serait pas de trop, c'est évident. Maintenant, est-ce qu'il y en a suffisamment ? Est-ce qu'il pourrait participer à toutes les commissions ? Je dirais aussi qu'un magistrat qui a l'expérience du pénal devient aussi criminologue d'une certaine façon, car il a l'expérience de faits antérieurs, pour avoir côtoyé des centaines de criminels. Il sait quand même comment ils réagissent.

Donc vous souhaiteriez la présence d'un criminologue dans la commission ?

M. BLOAS : Je n'y serais pas hostile, oui. S'il peut apporter un avis, un complément, c'est intéressant.

Section 3. Le risque d'une défense d'intérêts primant l'évaluation de la dangerosité

Pensez-vous que la composition de la commission permette réellement d'évaluer la dangerosité de la personne ?

Mme DESBRUYERES : C'est bizarre parce que l'on a plutôt l'impression que ce sont différents intérêts qui se retrouvent ensemble, et c'est le plus fort qui va gagner. La question n'est pas tellement de défendre, c'est d'évaluer. On ne doit pas être dans une optique de défense, on ne défend ni l'ordre public, ni l'auteur, ni la victime. Ce n'est pas sa place, l'évaluateur ne défend personne, il prend des éléments différents et il en tire les conséquences. Donc cette composition, elle est un peu bizarre. On a l'impression que l'on a fait un jeu d'équilibriste, on oscille un peu entre des intérêts qui peuvent être divergents voire contradictoires. Équilibre qui peut être sacrément biaisé ! [...] Moi je pense que la pluridisciplinarité pour évaluer la dangerosité c'est tout à fait intéressant, mais à partir du moment où les gens sont dans une position d'apporter un savoir, une connaissance et non pas de défendre un intérêt.

Mme BERHAULT : Ce qu'il faut aussi, c'est à la fois allier d'une part, le respect de l'individu, le fait qu'il a fait sa peine, que l'on ne peut pas le stigmatiser à vie et, d'autre part, sur des profils très particuliers, se dire qu'il faut absolument protéger la société d'un risque que l'on imagine par tous les éléments qui nous sont donnés, que l'on mesure à plusieurs, comme étant très fort. Là, on prend des mesures pour éviter, si possible, un nouveau passage à l'acte. Ce sera ça leur questionnement. Ce sont des questions complexes, d'où l'intérêt d'ailleurs d'avoir dans cette commission plusieurs corps de métier, plusieurs acteurs du processus judiciaire, que ce soit les avocats, les victimes, médecins et psychologues, magistrats qui amènent à prendre des décisions plus générales sur des dossiers. Cela permet d'avoir tous les regards que l'on retrouve à des positionnements bien stigmatisés dans des procès, bien clairs, chacun défend son point de vue ; alors que là, c'est mélanger ces points de vue sans pour autant être en posture de défendre, non pas uniquement son point de vue, mais écouter les autres et se dire : dans ce dossier-là, qu'est ce que l'on estime tous ensemble devoir faire pour oui ou non donner un accord sur cette mesure ?

Comment définissez-vous votre rôle au sein de la commission ? Quelles compétences pensez-vous pouvoir mobiliser ? Quels intérêts pensez-vous défendre ou représenter ?

M. ARION : À compter de l'instant où je suis assis sur mon siège au sein de la commission, j'essaie d'avoir un regard aussi indépendant et neutre que possible. Mis à part les hypothèses où à peu près tout le monde a le même regard, je pense notamment aux dossiers de délinquants sexuels : que vous soyez avocat, psychiatre, magistrat ou ancien avocat, membre de la commission représentant des victimes, si vous avez une personne qui a déjà été condamnée une première fois, et c'est un exemple qui n'est pas tellement ancien, à sept ans d'emprisonnement, la seconde fois à dix-huit ans de réclusion, et qui, la troisième fois, était sortie depuis six mois ou un an, réitère les mêmes faits, graves, hyper graves puisqu'il y a eu assassinat en plus de viol ; quel regard voulez-vous que l'on ait en fonction de la place qu'on occupe au sein de la commission ? Il est évident que tout le monde a le même point de vue à ce moment-là. Mais dans l'ensemble, chacun fait un petit peu abstraction de son rôle dans la vie civile ou la vie professionnelle pour avoir un minimum d'impartialité. [...] Moi, quand je me prononce, je donne un avis tout à fait indépendant, mais quand même un petit peu teinté de prudence lorsqu'il s'agit d'apprécier la dangerosité d'une personne qui a étranglé une fillette de six ou sept ans après l'avoir violée. Là, tout en donnant mon avis, j'ai en arrière pensée que c'est bien dommage que la mesure de rétention ne puisse exister que pour l'avenir.

M. BIDET : Je représente l'administration qui *a priori*, enfin toute modestie à part, accompagne le condamné depuis x années. Autant au moment de la condamnation, ce sont les magistrats, les experts qui le connaissaient, mais au moment où la CPMS se prononce, c'est quand même la pénitentiaire qui dispose des éléments rafraîchis de personnalité, de comportement, les évolutions... à condition d'avoir vu les dossiers avant, mais qui a cette connaissance et qui peut la restituer à la commission. Je suis, au vu des rapports qui sont transmis par le chef d'établissement, au vu des rapports socio-éducatifs, au vu du recueil des incidents que l'intéressé a pu commettre durant son parcours carcéral, des efforts qu'il a pu faire en termes d'insertion, de formation, d'adaptabilité... je suis celui qui amène ces éléments-là à la commission.

M. BLOAS : Je défends l'intérêt de la population, l'intérêt des victimes potentielles, l'intérêt des concitoyens. Ceci étant, je suis commissaire divisionnaire de police détaché auprès du Préfet, et j'ai été désigné pour représenter le Préfet. Mon cas est un peu particulier. J'ai une approche de ces problèmes qui est aussi celle d'un praticien du droit et de la police. Ma position, ma posture, c'est peut-être de prendre un peu moins de risques que d'autres, et de préconiser le port du bracelet un peu plus souvent peut-être que d'autres, et de préconiser des libérations qui ne soient pas trop anticipées.

Vous avez donc un rôle de garant de la sécurité publique ?

M. BLOAS : Voilà, c'est ça. En tout cas, c'est comme ça que je le conçois, c'est d'être un petit peu l'empêcheur de relâcher trop vite, celui qui retient un peu les gens en prison, pour peu qu'il existe un semblant de risque. La loi parle de risque avéré, de risque considérable, de risque patent. J'essaie de considérer cela de manière assez large, par précaution.

Sur la présence de l'avocat au sein de la commission, ne pensez-vous pas qu'elle est une garantie, alors même que la composition de la commission est tout de même assez orientée vers la défense de la société ?

M. BLOAS : C'est un peu le rôle d'otage du représentant des victimes, c'est un peu la même chose. Oui, oui, on pourrait le penser. Mais bon, l'avocat, là encore, défend les uns et les autres. Il est là pour atténuer un excès de rigueur qui se dégagerait à l'encontre de l'intéressé. [...] Comme quoi la commission est bien faite puisqu'en ayant un avocat en son sein, elle acquiert de la légitimité, pour reprendre les choses à l'envers. Ceci étant, il s'agit d'un collège de personnes de bon sens et tout un chacun est conscient de l'importance de préserver les libertés individuelles, même le commissaire de police, même le Directeur de l'administration pénitentiaire. Parfois, c'est l'avocat qui se trouve le plus enclin à laisser les gens derrière les murs, cela peut se produire. On a tous bien sûr un comportement qui peut être induit par notre origine ou notre profession, mais on s'en démarque très volontiers et on essaie de prendre les décisions avec le plus grand bon sens.

En tant qu'avocat, comment percevez-vous votre place au sein de la commission ?

M. PINEAU : Je pense qu'il y a une part de ma fonction, c'est-à-dire mon ressenti de citoyen en quelque sorte, aux cas sur lesquels je dois émettre un avis plus spécifiquement, ce qui découle de mon travail habituel. Je crois que c'est peut-être avoir un regard assez bienveillant, certainement de rappeler que construire un projet d'insertion en détention est d'une difficulté immense ; enfin, retrouver la force de se mobiliser sur un projet quand on a une perspective aussi vertigineuse que l'absence de fin, quand on parle de la réclusion criminelle à perpétuité, c'est extrêmement complexe. [...] Je ne crois pas que l'on ait un regard plus complaisant que les autres, on est dans la prudence, on se coule dans une institution à laquelle on appartient, qui est chargée d'une mission particulière de rendre un avis ou tenter de rendre un avis sur la dangerosité. [...] Alors du coup, est-ce que finalement j'ai un apport particulier en tant qu'avocat ? Je ne sais pas bien au jour d'aujourd'hui. Il y a un avocat de la défense, je ne suis pas là pour défendre le projet, ça c'est sûr. Incontestablement, défendre l'idée qu'il faudrait avoir des éléments d'inquiétude particulièrement forts et avérés pour violer le principe qui est que lorsque l'on a fini d'exécuter sa peine, on redevient libre ; oui, ça, comptez sur moi, et je l'ai déjà fait quand la question s'est posée pour les PSEM en fin de peine. [...] Donc là, oui. On est sur un rappel des principes fondamentaux. Mais tout le monde, dans la commission, est aussi conscient que nous.

Quelle est la différence entre l'approche de la dangerosité que vous pouvez avoir en tant que psychiatre, et celle du psychologue de la commission ?

M. MILLET : Il s'agit d'une évaluation différente. Moi je suis très factuel, c'est-à-dire que je m'appuie sur une clinique psychiatrique très en résonance avec ce que nous observons en hôpital psychiatrique. Le psychologue a, quant à lui, une vision plus interprétative, plus psycho-dynamique que la mienne, avec des références qui ne sont pas les mêmes. Moi, mes références, ce sont des références psychiatriques. Le psychiatre est issu d'une formation médicale et donc il est habitué à fonctionner selon un mode médical, avec une approche de type diagnostic différentiel, avec l'individualisation d'un diagnostic et des conduites à tenir. [...] Moi j'ai une lecture très médicale des choses. La personne présente-elle un trouble psychiatrique, une maladie psychiatrique, ou pas ? Présente-elle, deuxième aspect qui m'est posé, une personnalité pathologique ou pas ? [...] Ce sont déjà deux choses qui sont complètement différentes. Je fais une différence entre une personnalité pathologique et un trouble psychiatrique à proprement parler. Ce n'est pas du tout le cas des psychologues ; ils vont souvent s'intéresser à la personnalité, à son fonctionnement. Même la notion de personnalité souvent, ils vont la diviser en tempéraments, c'est-à-dire ce qui revient au squelette biologique de la personnalité, et au caractère, ce qui revient aux éléments environnementaux ou éducatifs ayant pu agir sur la personnalité.

En tant que Président de la commission de Rennes, vous avez une voix prépondérante. Vous concevez-vous comme un arbitre entre les différents professionnels ?

M. BEUZIT : La voix prépondérante, je ne l'ai jamais utilisée, parce que la plupart du temps on arrive à s'accorder. C'est moi qui coordonne, j'essaie de voir s'il y a une grande majorité ou si c'est partagé.

Donc chaque professionnel apporte son avis ?

M. BEUZIT : Oui, tout à fait. Je ne dirais pas que c'est l'unanimité mais c'est quasiment le cas à chaque fois.

Est-il déjà arrivé que les professionnels ne soient pas d'accord ?

M. BEUZIT : Oui, dans les débats, on va avoir des avis divergents. Après, sans doute le Président doit-il influer, mais c'est la même critique que l'on peut faire en Cour d'assises. Il peut être amené à réorienter les choses, c'est son devoir d'ailleurs s'il estime que l'on est en train de se fourvoyer.

Section 4. L'utilisation controversée de la visioconférence

S'agissant du déroulement pratique de la commission de Paris, comment cela se passe-t-il ? Y a-t-il, comme à Rennes, un système de visioconférence ?

M. CASTEL : Jusqu'à présent, on n'a pas entendu le détenu. Ce n'est pas obligatoire. En fonction du dossier, on apprécie si une audition est indispensable. Dans le dossier de l'application des peines il y a des procès-verbaux d'audition qui permettent de se dispenser d'une nouvelle audition.

Donc vous estimez que l'audition du détenu n'est pas nécessaire pour déterminer sa dangerosité ?

M. CASTEL : Pas de manière systématique. Dans le dossier, il y a déjà beaucoup d'entretiens, notamment avec les experts et les membres du CNO de Fresnes [...]. S'il y avait un ministère public et un avocat, la commission n'aurait plus de raison d'être, on serait dans un débat juridictionnel classique. Bien entendu, si l'avocat prend l'initiative d'envoyer des notes écrites, on les consulte, on en tient compte. Mais quand les avocats demandent à être entendus, on oppose un refus.

Que pensez-vous d'une évaluation de la dangerosité par la CPMS qui se dispense d'entendre la personne ?

Mme BIANCHI : Je trouve cela formidable ! [*rires*] Je suis déjà affreusement choquée qu'en appel, en matière d'application des peines, la personne ne comparaisse pas. Vous imaginez ce que je peux penser du fait que l'on travaille sur dossier ! On travaille sur dossier pour des gens dont on engage quand même l'avenir, la vie pour certains, la liberté. Je trouve cela scandaleux ! Ce n'est pas prévu par le texte, mais ce qui n'est pas prévu n'est pas interdit. Que l'on n'ait pas le réflexe de se dire : après tout, je vais au moins voir cette personne, dont je vais décider ensuite une partie de l'avenir, c'est quand même assez curieux de la part d'un magistrat soucieux d'une bonne administration de la justice.

Que pensez-vous de l'utilisation de la visioconférence à Rennes pour évaluer la dangerosité des détenus ?

Mme DELHAYE : On a l'impression que ce sont des photos anthropométriques. On les voit d'une façon épouvantable !

Et vous préconiseriez plutôt une comparution de la personne ?

Mme HERIN : Non, parce qu'après c'est compliqué de faire des transferts. [...]

Mme DELHAYE : Moi je trouve que c'est quand même très intéressant car la personne peut s'expliquer, parce que c'est un peu difficile. Le condamné reçoit un avis, on lui notifie l'avis de la commission. C'est un élément extrêmement important dans le dossier, pour le condamné particulièrement. Et c'est vrai qu'ils avaient du mal à comprendre qu'ils ne soient pas entendus par cette commission avant qu'elle donne un avis, je ne vais pas dire déterminant mais presque quand même [rires] sur quelque chose qui allait conduire à une mesure extrêmement lourde. Par rapport aux condamnés, ils apprécient de pouvoir s'expliquer, même si ce n'est pas très longtemps. En plus, ils ont leur avocat donc ça leur permet d'expliquer un certain nombre de choses, de consentir ou pas au port du bracelet.

Sur les huit commissions pluridisciplinaires, seules celles de Rennes et Fort-de-France utilisent la visioconférence régulièrement, dont la qualité laisse d'ailleurs à désirer.

Mme BIANCHI : Ce n'est pas terrible, c'est affreux ! [...] J'estime que pour des cas particuliers, comme les perpétuités, il n'y en a quand même pas tant que ça, je pense que la CPMS pourrait se déplacer ou faire déplacer la personne. Je le dis parce que je pense que c'est possible. En matière d'application des peines antiterroristes, c'est la visioconférence qui est de rigueur. [...] La visioconférence pose également beaucoup d'autres problèmes comme la question de savoir où se situe l'avocat : à côté de la CPMS ou à côté de son client ? Est-ce que l'on imagine, si on est à côté de la CPMS ou de la juridiction, ce que ressent le client quand l'écran s'éteint ? Sa solitude par exemple. Imagine-t-on ce que c'est ? La visioconférence en soi, me pose un souci, mais encore plus lorsqu'il s'agit de décisions qui vont toucher à des peines lourdes. Je trouve que la moindre des choses serait quand même que les CPMS se déplacent, si elles ne veulent pas faire déplacer la personne, au moins pour les libérations conditionnelles et les surveillances et rétentions de sûreté. On déplace au CNO les perpétuités qui demandent une libération conditionnelle, ne pourrait-on pas imaginer qu'à l'issue de l'évaluation, le détenu soit auditionné par la CPMS à ce moment-là ?

M. ROUSSEAU : Je suis très partagé parce que je perds tous mes repères en visioconférence. D'abord, je ne sais jamais si je dois être plutôt avec mon client ou si je dois être plus près de ceux qui décident. J'ai une vraie difficulté à me déterminer par rapport à cela dans la mesure où je n'ai aucun moyen juridique de m'opposer à la visioconférence. J'en suis à me dire que la visioconférence est plutôt mieux que d'interdire la comparution personnelle. [...] L'avocat que je suis a de grandes difficultés dans son positionnement. À chaque fois que je suis en visioconférence, je suis dans un espace que je ne maîtrise pas. Je suis assis à côté du Procureur, nous sommes dans le même champ de la caméra ce qui fait que mon client ne sait pas où est son avocat. L'entretien avec le client est extrêmement compliqué parce que l'on fait attendre tout le monde et que l'on a une espèce de pression. Un positionnement extrêmement compliqué.

M. BIDET : Je suis un peu sévère sur la visioconférence. Je trouve que cela fait écran, mais c'est un avis tout à fait personnel, je ne prétends pas émettre l'avis de l'administration pénitentiaire sur cette question. Je trouve que cela fait écran, que c'est un peu impersonnel. Prenez l'exemple de la commission la dernière fois, l'image n'est pas toujours parfaite, alors c'est peut-être parce qu'il faut que la technologie évolue. Le son n'est pas toujours évident... C'est peut-être normal, mais il n'y a que le Président qui peut interpeller, parce qu'en visioconférence, s'il a trois voix en même temps, ce n'est plus possible.

Donc les autres membres ne peuvent pas intervenir ?

M. BIDET : J'ai l'impression que c'est dicté par la nécessité technologique. Si deux intervenants posent une question en même temps, c'est vrai que ce n'est pas poli, mais là, l'aspect technologique fait que la personne de l'autre côté n'entendra pas votre question, ce sera un brouhaha.

Mais vous pouvez interpeller la personne ?

M. BIDET : Oui, par le Président, ou alors il faudra attendre que le Président nous donne la parole. On l'a fait la dernière fois, mais je trouve que ce n'est pas très vivant, pas très spontané. Cela a beaucoup d'avantages, notamment cela évite de faire extraire le condamné, surtout par les temps qui courent, en termes de coût et quelquefois aussi de dangerosité (plus on multiplie les extractions, plus on risque de créer des risques d'évasion ou autre). Cela a un avantage, je ne le nie pas, mais cela a un côté déshumanisant.

Alors même que l'on évalue un état de la personne !

M. BIDET : Oui, et puis là, le condamné est quand même souvent impressionné. Il a une caméra devant lui, il ne voit pas les membres de la commission, enfin je ne crois pas, et nous on le voit, on l'entend. Je pense que cela doit être assez impressionnant. Maintenant, rien n'interdit au Président, je crois, de le faire extraire. Mais pour des raisons de coût, et vu la pression du Ministère de la justice pour réduire les coûts...

Une comparution de la personne pour des cas particuliers est-elle envisageable ?

M. BIDET : Oui, peut-être. Enfin pour l'instant, honnêtement, sur les dossiers que j'ai vus, je n'ai jamais exprimé au Président l'idée de faire extraire l'intéressé. Mais je ne m'interdirais pas, si je pense que c'est important que le détenu soit présent, de le demander. Je ne suis pas sûr d'obtenir satisfaction...

Chapitre 2. L'appréciation pragmatique de la notion d'état dangereux

> *« La dangerosité n'est pas à sens unique. S'il existe une première forme de dangerosité qui consiste à s'attaquer aux droits des individus en les agressant physiquement, il en existe une seconde qui consiste aussi, en se prononçant sur la dangerosité des autres, à faire violence à leurs droits fondamentaux. Il n'est pas évident que l'une soit plus excusable que l'autre ».*
>
> J. DOZOIS, M. LALONDE et J. POUPART[22]

« Le prix de la sécurité se mesure en termes de repérage de la dangerosité, argument capital pour prolonger au maximum la durée de l'enfermement, éviter les récidives et par conséquent, protéger le social à moindre frais »[23]. Dans cette logique de gestion du risque, la notion de dangerosité est utilisée comme une mesure, qui permet de déterminer qui présente un risque majeur pour la société et donc, qui faudra-t-il écarter de la société. « La dangerosité est donc bien une notion pratique, dont les « pénologues » se sont emparés pour protéger le social »[24]. Mais le concept de dangerosité reste un concept flou et difficile à manier. « La dangerosité d'une personne revêt différentes formes : elle peut être d'ordre criminologique et/ou psychiatrique »[25]. Ainsi, plusieurs types de dangerosité sont à distinguer.

---

[22] DOZOIS J., LALONDE M. et POUPART J., « La dangerosité : un dilemme sans issue ? Réflexion à partir d'une recherche en cours », *Déviance et société*, Volume 5, n° 4, 1981, p.398.

[23] PARIENTE G., Dangerosité, *Journal français de psychiatrie*, n°23, p.20.

[24] Ibid. p.19.

[25] Rapport de la commission Santé – Justice présidée par M. BURGELIN, « *Santé, justice et dangerosités, pour une meilleure prévention de la récidive* », Juillet 2005, p. 12.

Si cette distinction paraît nettement établie en théorie, la dangerosité criminologique peine encore à exister par elle-même ; consistant en un pronostic de récidive, elle est plus difficile à appréhender que sa consœur psychiatrique, clairement définie et s'appuyant sur la connaissance médicale des maladies psychiatriques. La référence au « trouble grave de la personnalité » de la loi du 25 février 2008, dilue la distinction entre les notions ; cette référence explicite tend à laisser une place importante à la considération psychiatrique, l'une des dangerosités semblant être utilisée par défaut pour rechercher l'autre. Cette vision psychiatrique de la dangerosité résulte de l'omniprésence des psychiatres pour l'évaluer. En France, la criminologie n'est pas suffisamment reconnue comme cela peut être le cas dans d'autres pays, et « l'enseignement de la criminologie ne tend pas à la formation de criminologues cliniciens, profession qui n'existe pas dans notre pays. Les programmes de recherche en la matière sont rares et peu soutenus, car jugés insuffisamment scientifiques »[26]. Ainsi, les psychiatres sont-ils interrogés sur la dangerosité criminologique, et leur approche ne peut être aussi détachée du psychiatrique et pluridisciplinaire qu'ils ne le souhaiteraient.

C'est ensuite l'aspect fluctuant et évolutif de la dangerosité qui interroge ; les catégories visées varient en fonction des époques, selon le système de valeur d'une société déterminée. En outre, il convient de ne pas figer les individus eux-mêmes dans un statut de dangereux, et considérer la possible évolution de leur dangerosité, celle-ci pouvant diminuer, voire disparaître. Ainsi, si la dangerosité est caractérisée par la propension à récidiver, le doute subsiste sur la pertinence de ce critère.

Comment évaluer ce que l'on ne sait encore clairement définir ? La dangerosité étant une notion floue, son évaluation connaît des difficultés inhérentes à l'utilisation du concept criminologique de dangerosité. S'il est admis que ce qui est recherché est une dangerosité criminologique, c'est néanmoins le psychiatre qui réalise ces expertises, oscillant entre diagnostic et pronostic. De nouveaux outils dits actuariels se développent, permettant une évaluation

---

[26] Rapport « *Amoindrir les risques de récidive des condamnés dangereux* », par M. LAMANDA, Mai 2008, p.15 : la première recommandation du rapport est de « donner une impulsion nouvelle à la criminologie : promouvoir son enseignement et développer la recherche ».

s'apparentent plus à un outil statistique qu'à un véritable diagnostic. C'est après l'effondrement de la confiance en l'expertise clinique au début des années 1970, que les outils actuariels ont connu un certain essor dans les pays étrangers. Alors que des doutes émergent sur la capacité des cliniciens à évaluer la dangerosité, ont été élaborés des outils jugés plus fiables, car basés sur des critères observables, laissant ainsi moins de place à la subjectivité : les échelles actuarielles. « Là où on démontrait que le diagnostic clinique était imparfait, la démarche actuarielle allait réduire la possibilité de l'erreur humaine au moyen de la comparaison statistique de profils correspondant à la « population dangereuse » dans son ensemble »[27]. L'idée est de se détacher de l'homme pour ne pas biaiser les résultats, du fait des relations humaines. La logique est toute différente : « Il ne s'agit plus d'évaluer si le patient est dangereux ou non, mais d'estimer le risque de comportements violents pour un individu donné, dans un contexte donné, et selon un temps donné »[28]. La prise en compte de critères comportementaux, laisse peu de place pour l'individualisation. Ainsi, si certains estimaient que le jugement clinique était moins éthique car trop aléatoire, il semble que des problèmes éthiques se posent tout autant avec l'utilisation des outils actuariels. En effet, en reposant sur des variables statiques, le risque est de figer la personne dans ce statut de dangereux. On en vient alors à créer des catégories de dangereux et de non dangereux, dans une logique de gestion du risque et de catégorisation des individus ; « Les outils actuariels sont actuellement, en quelque sorte, utilisés de façon politique pour légitimer une représentation politique de l'insécurité qui est très classique quand on est dans des périodes économiques telles que l'on en connaît actuellement »[29]. Si les outils purement actuariels ne sont pas utilisés en France, la solution de sagesse réside peut-être dans une approche mi-clinique, mi-actuarielle, la préoccupation du clinicien étant de prendre en considération des éléments dynamiques de la vie du patient.

---

[27] PRATT J., Dangerosité, risque et technologies de pouvoir, *Criminologie*, Vol.34, n°1, 2001, p.116.

[28] CÔTÉ G., Les instruments d'évaluation du risque de comportements violents : mise en perspective critique, *Criminologie*, Vol.34, n°1, 2001, p.33.

[29] Propos tenus lors de l'entretien avec M. SENON, Psychiatre de Poitiers.

Dans ce chapitre (par ordre d'intervention) :

M. SENON, professeur psychiatre

Mme BIANCHI, avocate pénaliste

M. BIDET, représentant de l'administration pénitentiaire à la CPMS de Rennes

M. BEUZIT, Président de la CPMS de Rennes

M. GUILLAUME, Chef de service au SPIP 44

M. MILLET, psychiatre à la CPMS de Rennes, expert près la Cour d'appel de Rennes

M. PAGE, Directeur du centre pénitentiaire de Nantes

M. RAIMBOURG, Député de Loire-Atlantique

M. PARANTHOINE, psychologue clinicien à la CPMS de Rennes, expert près la Cour d'appel de Rennes

M. BONDUELLE, magistrat instructeur, représentant du **Syndicat de la magistrature**

Mme PICHON, juge d'application des peines au Tribunal de grande instance de Nantes

M. ZAGURY, expert psychiatre

M. PINEAU, avocat à la CPMS de Rennes

M. ROUSSEAU, avocat pénaliste, représentant du **Syndicat des avocats de France**

M. COUTANCEAU, expert psychiatre

Section 1. La difficile définition de la notion de dangerosité

Comment pourriez-vous définir la dangerosité ?

M. SENON : Christian Debuyst définissait la dangerosité comme la probabilité que présente un individu de commettre une infraction, que cette infraction soit contre les biens ou contre les personnes. C'était pour lui « la maladie infantile de la criminologie », et il mettait d'emblée le concept de dangerosité en rapport avec la volonté politique de gérer une population d'individus posant problème à la société[30]. Dans l'audition publique sur l'expertise psychiatrique pénale menée selon la méthode de la Haute Autorité de Santé, le jury a séparé dangerosité psychiatrique et dangerosité criminologique. En ce sens, la dangerosité psychiatrique est analysée en prenant en compte la clinique de la maladie mentale et les aléas de son évolution et notamment de l'observance du traitement. Dans un autre champ, où la clinique individuelle n'est qu'un des facteurs, la dangerosité criminologique est entrevue à travers l'analyse des éléments environnementaux comme individuels et situationnels qui concourent au passage à l'acte criminel.

Mme BIANCHI : Je dirais qu'aujourd'hui on ne peut pas dissocier la définition que l'on donnerait à la dangerosité de l'usage que l'on en fait. En ce sens que, pour moi, on peut dire que la dangerosité c'est le caractère de celui qui est dangereux, ou c'est l'état d'un individu à un moment donné. Mais dès que l'on commence à donner une définition, nécessairement on entre dans l'idée d'une application, parce que la dangerosité n'est pas un concept virtuel. C'est un concept qui a un usage opératoire en matière politique. Donc donner une définition de la dangerosité, concept flou effectivement selon le terme de la CNCDH, est en soi un problème. J'avoue que je ne peux pas donner de définition de la dangerosité. [...] En fait, on est plus dans l'actuariel, dans la statistique, dans la prédiction ésotérique que dans quelque chose de scientifiquement objectivable.

---

[30] DEBUYST C., *Dangerosité et justice pénale, Ambigüité d'une pratique*, Masson, 1981.

La loi du 25 février donne une définition de la dangerosité : elle parle d'une « particulière dangerosité caractérisée par une probabilité très élevée de récidive, parce que [ces personnes] souffrent d'un trouble grave de la personnalité ». Comment comprenez-vous cette définition ?

M. BIDET : De manière assez pragmatique en réalité. Pour moi, c'est une dangerosité qui ne s'entend que de façon criminologique, puisque la dangerosité psychiatrique est évoquée, mais ceux qui en parlent ce sont les experts, pas les directeurs d'établissements pénitentiaires ; on n'est pas membre de la commission pour parler de choses dont on n'est pas compétent. Par contre, la dangerosité criminologique s'entend à mon sens de manière *in concreto* : A la fois en s'appuyant sur la nature objective des faits pour lesquels la personne évaluée est incarcérée, a été condamnée, son évolution constatée au moment de l'examen de la commission, son évolution pendant sa détention, les actions qu'elle a pu mettre en œuvre en termes de prise en charge sociale, professionnelle, de soins, et puis les pronostics d'amendement, d'insertion, qui sont relevés par les professionnels pénitentiaires. Alors, c'est une question qui est en effet très compliquée puisque comment mesurer la dangerosité à un instant T ? Il y a un coté un petit peu prédictif, même beaucoup prédictif, qui s'intègre dans tout cela. Aujourd'hui, je pense que la notion de dangerosité, d'ailleurs on l'entend beaucoup dans les remarques des psychiatres, tout le monde en parle mais personne ne sait ce qu'il y a derrière. Donc ma position, c'est d'être le plus pragmatique possible, au vu d'un dossier qui est assez construit, des évaluations, c'est se faire une idée personnelle.

M. BEUZIT : La dangerosité, je la vois par rapport au risque de récidive évidemment. Il va sortir, il a purgé sa peine, est-ce que l'on pense qu'il y a des risques importants de récidive ? Je suis magistrat, donc évidemment c'est la dangerosité criminologique que j'essaie de percevoir parce que les psychiatres vont vous dire qu'il y a une dangerosité psychiatrique, qui est un autre problème. Nous, en tant que commission, on y répond à chaque fois au cas par cas. C'est un peu notre différence avec les universitaires ou avec le législateur qui définissent des critères généraux et nous on s'attache à examiner des situations au cas par cas. Mais on est conscient que la dangerosité s'analyse dans le risque de récidive.

M. GUILLAUME : À partir du moment où l'on dit que c'est une probabilité de récidive, je suis d'accord ; la dangerosité de quelqu'un est examinée au regard de sa probabilité de récidive. Le problème, comme dans toute probabilité, c'est de situer à partir de quand ce taux de probabilité devient quelque chose d'assez effectif pour que cela entraîne des mesures exceptionnelles comme les mesures de sûreté. On peut considérer que quelqu'un qui a commis un acte assez grave à un moment donné, puisqu'on vise ce type de personnes, c'est effectivement qu'il est potentiellement capable de recommencer. [...] C'est une définition intéressante, mais quand on creuse on se rend compte que cela ne veut rien dire, cela peut être tout le monde, comme personne. Définir une probabilité c'est une chose. Déterminer au regard de cette probabilité de récidive que la personne peut passer à l'acte, c'en est une autre ; et on ne définit pas à quel moment ou à quel niveau de probabilité on commence à avoir à faire à des gens qui peuvent récidiver. Ça, c'est le premier point.

Le deuxième point dans la notion de dangerosité, c'est que ce terme est tombé dans le langage public, et qu'il est manié à tord et à travers, si bien qu'il en a perdu, comme tous les concepts qui subissent ce genre de situation, toute pertinence. C'est quelque chose qui à la fois, vu de l'extérieur, est défini comme un concept, comme quelque chose sur lequel on peut s'appuyer, mais lorsqu'on avance dans la réflexion, on se rend compte qu'il n'y a rien, si ce n'est revenir au point de départ, c'est-à-dire l'intime conviction de la personne qui doit prendre la décision, que cette personne déjà condamnée peut recommencer, et c'est tout ! On est dans l'intime conviction et on essaie de l'habiller avec un concept qui est vide.

M. MILLET : Je dois dire que je suis très mal à l'aise car je ne sais pas ce que l'on demande au psychiatre. La plupart du temps, on demande, en tant qu'expert auprès du tribunal, de se prononcer sur la dangerosité psychiatrique. La dangerosité psychiatrique c'est quelque chose de très différent de la dangerosité criminologique. Or, si nous, nous avons des compétences, c'est plutôt sur la notion de dangerosité psychiatrique, c'est-à-dire des gens qui commettent des actes délictueux hétéro agressifs, des homicides éventuellement, suite à des moments délirants, des manifestations hallucinatoires. [...] Je ne sais pas quel est mon rôle. Je suis capable d'évaluer la dangerosité de quelqu'un dans le cadre de mon activité psychiatrique classique, de psychiatre exerçant dans un hôpital psychiatrique où les gens sont hospitalisés, où régulièrement il y a des troubles du comportement, j'ai un peu l'habitude de la notion de dangerosité. [...] La plupart du temps, je sais d'autant plus que quelqu'un est dangereux que j'ai pu le voir en entretien sur une longue période de temps, et donc là je peux apprécier véritablement la dangerosité. Tandis qu'en commission pluridisciplinaire des mesures de sûreté, qu'est-ce que l'on a ? On a un dossier que l'on vient de nous faire parvenir, enfin c'est assez récent. La plupart du temps, les personnes que nous avons à connaître ne sont pas des enfants de cœur, comme vous pouvez vous imaginer ; donc la notion de dangerosité elle est avérée. La question c'est de savoir si le risque de récidive est important. Et là, moi je dois dire que je n'ai pas de critères à proprement parler, pour parler de récidive. Ce que je sais, et ça on le sait en psychiatrie, ce sont des données qui, je crois sont connues, c'est que quelqu'un qui a été violent, a une forte probabilité de récidiver dans son acte violent. Donc *a priori*, j'ai une position qui est très conservatrice ; et je peux vous dire qu'à la limite, le PSEM, je le mettrais à tout le monde. C'est rare que je puisse me prononcer en faveur de l'absence de PSEM, parce que je crois que toute surveillance supplémentaire pour des gens qui ont commis quand même des actes assez graves - en l'occurrence ce sont soit des gens condamnés à perpétuité, soit des gens qui sont souvent poursuivis pour des abus sexuels - est intéressante.

M. PAGE : Jusqu'aux dispositions de cette dernière loi, la notion de dangerosité avait l'avantage de reposer sur des paramètres ou sur des critères que l'on peut toujours contester puisque cela fait de toute évidence appel à une certaine part de subjectivité, mais cela avait quand même le mérite de pouvoir s'appuyer sur des éléments concrets. On était sur une dangerosité au titre d'un comportement, d'une dangerosité au titre de l'appartenance à une bande organisée, d'une dangerosité par rapport à une problématique psychiatrique.

Ce qui est le plus gênant aujourd'hui avec les dispositions de cette loi, c'est que ce nouveau concept de dangerosité ne s'appuie plus seulement sur des faits passés, sur des comportements ou sur des expertises, mais fait appel à une notion de probabilité ou de pronostic. À partir de là, c'est évident, surtout dans le contexte dans lequel cette notion émerge, qu'elle est posée pour limiter les possibilités d'insertion, pour ne pas dire de sortie ou de retour dans la vie libre, des personnes étant à un moment donné passées à l'acte sur des faits particulièrement graves. Donc pour nous, Directeurs pénitentiaires, ce qui change radicalement les choses, c'est qu'on ne doit plus simplement considérer l'approche de la personne détenue à la fois sur son comportement et sur l'évolution de son parcours pénitentiaire, mais on doit à partir de ces éléments, dans un contexte particulier qui est celui de la détention, émettre un pronostic sur la capacité de l'intéressé à pouvoir évoluer sans risque de passage à l'acte en milieu libre.

M. RAIMBOURG : C'est une définition qui est très difficile à comprendre. On est parti sur la question de la rétention de sûreté, sur l'hypothèse du criminel qui serait un criminel pulsionnel et extrêmement dangereux. Le fantasme qui s'impose est celui du criminel pédophile. En réalité, il a été impossible de savoir à peu près à quoi correspondait cette définition et quel nombre de personnes était concerné. Selon les estimations, le nombre variait entre 100 et 200, sans que l'on puisse dire exactement de qui il s'agissait. Il aurait fallu avoir un tout petit peu d'études sociologiques sur la cohorte, le groupe « plus de quinze ans », au départ pour des faits simples sur mineur, puis aussi aggravés sur majeur. À combien ça correspond ? Quelle population cible-t-on ? Plutôt que d'essayer de définir cela théoriquement, il aurait mieux valu essayer de définir cela pratiquement : quels sont les cas que l'on a en tête ? Combien statistiquement il y a eu de ces cas dans les dix dernières années ? Et combien risque-t-on d'en avoir statistiquement dans les dix prochaines années ?

M. PARANTHOINE : La dangerosité est perçue par les membres de la commission comme étant le risque de récidive, risque toujours apprécié à l'aune des faits passés. Plus les actes antérieurs sont importants, graves, plus on sera vigilant sur le travail parcouru et ce que la personne peut en dire.

M. BONDUELLE : C'est un des problèmes principaux posés par le texte à notre sens, c'est ce concept flou de dangerosité relié à un concept tout aussi flou de troubles de la personnalité. Parce qu'en réalité, les troubles de la personnalité ne renvoient pas à la maladie mentale, ils renvoient davantage à une structuration de la personnalité, à des traits de personnalité qu'on peut tous avoir. Ce n'est pas le champ de la maladie mentale ; d'ailleurs, si c'était le cas, ce ne serait pas judiciaire, on serait sur les questions d'hospitalisation d'office. Donc on voit bien que l'on est dans une acception plus basse et il faut que ces troubles engendrent un pronostic de dangerosité. Et là, il y a un vrai problème puisqu'il n'y a pas de définition consensuelle de ce concept.

Mme PICHON : Tous les textes récents qui tournent autour de la dangerosité, si on les met côte à côte, on s'aperçoit qu'ils utilisent des termes de graduation un peu différents : risque avéré, probabilité très élevée et s'en remettent beaucoup à l'expert aussi pour apprécier cette dangerosité ; ils font le lien avec l'expertise. J'ai l'impression que nous sommes parfois un peu tenus par les formulations utilisées par les experts. Je pense qu'il sera assez difficile d'établir une hiérarchie dans la probabilité de réitération. Ça me paraît être une approche intellectuelle des choses, ça paraît très scientifique, mais il me semble que l'on n'a pas les outils. [...] Donc ça paraît assez artificiel.

M. GUILLAUME : [...] Il y a une part de la réflexion qui est rationnelle, et une part qui ne l'est pas du tout. Et moi ce qui me gêne, c'est que l'on essaie de faire croire dans la prise de décision, pour faire passer ces mesures de sûreté, que tout est rationnel. Or, c'est là qu'est un problème car il y a une grande part qui n'est pas rationnelle.

Même au niveau pénitentiaire et au niveau psychiatrique, dès que l'on imagine qu'il n'y a que du rationnel, obligatoirement on se fourvoie dans la décision. Le point de vue de la dangerosité c'est pareil : on parle de dangerosité pénitentiaire, de dangerosité psychiatrique, de dangerosité criminologique... On est dangereux ou on ne l'est pas, mais par rapport à quoi ? En fin de compte, on inverse l'ordre des choses : on définit ce que l'on veut protéger et ensuite on dit que la personne est dangereuse alors qu'on ne détermine pas ce qu'est la personne et ce qu'elle peut être amenée à faire, pour ensuite déterminer que peut-être, elle est dangereuse.

N'est-ce pas, en grossissant le trait, un peu un concept « fourre-tout » ?

Mme PICHON : Oui. Entre trouble de la personnalité et trouble grave : grave par rapport à quoi ? Je crois qu'à un moment donné, il faut plus apprécier quel est l'esprit de ces textes. Plus les textes parlent de dangerosité en termes restrictifs, plus ça veut dire que l'on doit s'intéresser soit à des faits extrêmement graves, soit à des grands pervers, des gens qui ont déjà réitéré en matière criminelle. [...] Je pense que c'est le bon sens qui va permettre d'appliquer ces textes, parce qu'ils sont trop intellectuels, trop détachés de la réalité. Et puis l'appréciation d'un aléa de l'avenir, je vois mal comment on peut l'appréhender, à savoir avoir une boule de cristal pour dire que Monsieur X a plus de risques de réitérer que monsieur Y alors qu'il a, à peu près, le même parcours de vie, pour les mêmes infractions et avec des personnalités qui sont construites un peu de la même façon ; franchement, ce n'est pas possible de le dire.

∗∗∗

M. ZAGURY : Je pense qu'il y a des différenciations qui ont été établies au cours de l'histoire, par les psychiatres, pour délimiter des champs. Ces champs sont actuellement en danger d'être dédifférenciés pour des raisons notamment politiques. Par exemple, le Sénateur Lecerf faisait valoir dans une interview, que la différence entre abolition et altération du discernement n'avait plus aucune justification, et qu'il n'y avait que la dangerosité qui comptait. D'autres disent que la différence entre dangerosité criminologique et dangerosité psychiatrique n'a aucun sens, et que la différence entre trouble de la personnalité et maladie mentale n'en a pas plus ! Aux États-Unis, en Angleterre, en France, on voudrait considérer ou faire semblant de considérer les grands psychopathes délinquants sexuels comme des malades mentaux. C'est-à-dire que l'on porte un regard très extensif sur la maladie mentale. Par exemple, quand on fait des études épidémiologiques sur la prison, les gens n'y comprennent plus rien. Certains disent qu'il y a 5 % de psychotiques et encore, dans ces 5%, un certain nombre n'a pas commis l'acte en rapport avec leur maladie, et d'autres disent qu'il y a 90 % de malades mentaux ou de personnalités pathologiques. [...] En termes de psychiatrie, ou si vous raisonnez en termes de santé mentale, vous n'obtiendrez pas du tout la même chose. Si vous considérez que quelqu'un qui est déséquilibré, qui boit de l'alcool et qui se drogue est un malade mental, à la limite, il faut fermer les prisons et ouvrir des asiles partout !

Il y aurait une sorte de flou, finalement, où l'on mélangerait ces notions, entre dangerosité criminologique et psychiatrique ?

M. ZAGURY : Oui, parce que si vous voulez, à partir du moment où l'on considère que seule compte la dangerosité, peu importe son origine. Seule compte la réponse qu'on va lui donner, puisqu'il s'agit de mettre hors d'état de nuire. On passe d'un concept de dangerosité psychiatrique à un concept d'individu à risque. Le sujet n'est justement plus un sujet, mais un individu. Il est porteur d'un certain nombre de risques, ce qui est quand même un grand virage. [...] C'est pour cela que je vous disais que l'on assiste à quelque chose de tout à fait paradoxal, qui est qu'on ne supporte plus le privilège d'exclusivité des malades mentaux, qui sont « irresponsabilisés », même s'il y en a très, très peu. On criminalise donc le malade mental, et en même temps, on psychiatrise tous les autres puisqu'il faut soigner ces délinquants sexuels ou ces individus violents. Je ne dis pas que ce n'est pas bien, je dis qu'il y a aussi une dédifférenciation entre soins sans consentement et injonction de soins. Tout ça fait une espèce de mayonnaise ou de tutti frutti qui est délibérément exploitée ! Je ne dis pas qu'il y a un grand persécuteur, un grand manitou derrière tout ça. Je dis que l'on va vers une espèce de criminologie psychiatrique, sans les malades mentaux, qui consistera à punir tout le monde, à distinguer, repérer tous ceux qui sont porteurs de risques, et à soigner tout le monde. C'est une espèce de fantasme !

C'est un nouvel hygiénisme en fait ?

M. ZAGURY : Oui, tout à fait ! C'est un néo-hygiénisme scientiste, tout à fait, complètement !

Section 2. La confusion trouble mental/criminalité induite par cette détermination malaisée des concepts

On constate qu'au sein de la commission il y a un expert psychiatre et un expert psychologue qui s'appuient sur une double expertise. Que pensez-vous de ce « monopole » du pathologique pour déterminer une dangerosité criminologique ?

M. PARANTHOINE : Ça ne devrait pas !

En définissant la dangerosité du condamné par rapport à un trouble de la personnalité, n'introduit-on pas une confusion entre le criminel et le médical ?

M. PARANTHOINE : Oui, tout à fait !

Comment est-ce que vous comprenez le fait que la loi associe la dangerosité par rapport à ce trouble grave de la personnalité ?

M. PINEAU : Moi je pense que la loi va plus loin. Elle stigmatise des comportements que l'on peut qualifier de pervers, d'atteintes froides et non explicables par des troubles psychopathologiques importants, voire se traduisant en termes de pathologie mentale. Elle stigmatise plutôt que des personnalités et des traits de personnalités, des comportements et cette loi nous demande de dire si le fait de pouvoir constater qu'une personne a commis des actes que l'on peut qualifier de pervers, dans un rapport chosifié à autrui, révèle une dangerosité.

On observe actuellement un recours systématique à la psychiatrie. Dans un article, vous expliquiez qu'on lui en demande trop, avec d'ailleurs un sentiment d'instrumentalisation des professionnels ?

M. ZAGURY : Bien sûr, la psychiatrie est complètement instrumentalisée aujourd'hui. Complètement, mais ça c'est un problème général, elle est partout la psychiatrie ! C'est un phénomène de société : à France Télécom, on se suicide ? On va envoyer des psys ! Il y a un drame ? On envoie des psys !

Que pensez-vous du « monopole » actuel de la psychiatrie dans la détermination de la dangerosité criminologique ?

M. SENON : Ce que vous appelez « monopole » est à entrevoir à travers l'intérêt porté par la psychiatrie naissante des années 1850 à l'homme criminel. Les aliénistes du XIXème siècle ont été les premiers à regarder l'homme derrière le crime, à le resituer dans son histoire comme dans les failles de son développement. Leur apport a été déterminant pour combattre le seul regard horrifié porté sur le monstre ayant commis l'acte criminel et pour débusquer l'homme derrière les caricatures médiatiques. En ce sens, qui peut mieux que le psychiatre ou le psychologue éclairer le juge sur ce qui a fait traumatisme dans l'enfance, sur les carences, les altérations identificatoires et les troubles des interactions précoces qui peuvent avoir été déterminantes dans un fonctionnement global de l'individu profondément altéré, pouvant apporter des hypothèses explicatives au crime ? C'est aussi faire l'hypothèse de l'amendabilité de la personne par un travail sur elle-même, alors que peu de choses sont modifiables sur le plan environnemental. C'est la base de l'individualisation de la peine. Néanmoins je considère qu'à cette démarche de lecture psychodynamique du crime doit s'associer une approche transversale qui est celle d'une criminologie moderne confrontant les regards sur le phénomène criminel. Je suis aussi persuadé que les professionnels du droit, confrontés au quotidien à l'homme criminel détiennent une véritable « clinique » criminologique née de l'expérience et de l'analyse de cas.

Je suis partisan d'une approche transversale mais qui ne soit pas un mouvement de balancier à un moment où actuellement le champ individuel est remis en cause, en disant que l'analyse individuelle ne sert à rien, que regarder l'homme ne sert à rien et qu'il faut regarder le crime de l'homme. Pour ma part, je trouve que regarder l'homme est toujours quelque chose d'extrêmement important, que l'individualisation de la peine est un facteur fondamental et je n'aimerais pas qu'un ordinateur distribue la peine en fonction de critères qui seraient des critères déterminés par la société et par un droit pénal purement actuariel comme il existe notamment aux USA. En arriver à un repérage uniquement comportemental qui ferait que la distribution de la peine se ferait uniquement sur des grilles d'ordre mathématique, statistique, gros risque de récidive, grosse peine, ça me semble être une déshumanisation inacceptable dans une société républicaine. Pour ma part, je suis bien persuadé que l'intérêt c'est un travail transversal en criminologie. La criminologie doit être enseignée transversalement et doit être pratiquée transversalement, sans que chacun des champs ne perde ses valeurs.

Il faudrait donc parvenir à une relative égalité entre toutes les approches ?

M. SENON : Le problème n'est pas une égalité parce que le problème ne se pose pas en termes de rapport de force. Ce n'est pas un problème de pouvoir, c'est au-delà du problème de pouvoir. Dans le sillage de Voltaire, notre pays a toujours fait un pari sur l'homme tant au niveau pénal que sanitaire. Et parier sur l'homme, c'est parier sur le fait que ce qui se joue en lui est reprenable, que l'éducation est quelque chose de fondamental et que la sanction a une valeur pour permettre à l'homme de corriger ce qui, à un moment donné, a été un effet du domaine des méfaits des traumatismes subis. Je pense néanmoins qu'il faut être réaliste, qu'on ne peut pas psychologiser le crime. Ce n'est pas acceptable de penser qu'on peut réduire le phénomène criminel par une seule action psychologique ou psychiatrique. On ne peut pas traiter le crime. Le mot traitement du crime ne me convient pas. En tant que clinicien, je traite un patient atteint de schizophrénie mais je ne traite pas le crime. Pour le crime, je propose un accompagnement à la personne criminelle, ce qui est totalement différent.

***

M. GUILLAUME : On est dans une situation actuellement où lorsqu'un acte est commis, il y a celui qui a commis l'acte qui est responsable. Mais il y a une dérive qui fait qu'il n'est jamais tout seul sur le bateau, il faut toujours que l'on trouve une autre personne avec lui, c'est-à-dire celui qui normalement aurait dû, pas *pu*, aurait *dû* empêcher la commission du délit. Comme si c'était possible tout le temps ! Et comme on en cherche toujours un deuxième pour être sur le bateau, l'objectif à un moment donné, c'est de prendre les précautions nécessaires pour ne pas être le deuxième sur le bateau.

Pour les cas les plus lourds, ne peut-on pas craindre de passer d'une dangerosité évaluée, à une dangerosité constatée par la commission pluridisciplinaire des mesures de sûreté ?

M. ROUSSEAU : Je pense que la grosse difficulté ce sera l'horreur des crimes qui seront jugés à ce moment-là et que par cette horreur véhiculée par les crimes, on soit d'emblée sur des risques avérés, des probabilités très grandes et il faudra alors éliminer la personne. Le risque c'est finalement qu'il n'y ait plus tellement de questions alors même que l'on est dans le cadre d'un échange pluridisciplinaire.

Section 3. La question de l'utilisation problématique des échelles actuarielles de prédiction du risque

M. COUTANCEAU : Est-ce scientifique d'affecter un élément de risque à la dangerosité ? Quels sont les outils ? Il y a l'évaluation qualitative et l'évaluation quantitative. C'est l'expertise qui donne un avis sur la personnalité de l'homme et son évolution. L'évaluation quantitative, ce sont les échelles actuarielles dont certaines ont pour inconvénient d'être statiques. C'est une étude statistique des items qui sont fréquemment présents chez les récidivistes. Quels sont-ils ? Si l'on se place dans le domaine de l'agression sur mineur, il y a plusieurs critères : premièrement avoir déjà agressé. Deuxièmement, agresser un enfant en dehors de la famille. Tous les spécialistes savent que l'inceste récidive moins que la pédophilie extra-familiale. Troisièmement : agresser un enfant inconnu. Ensuite, il y a d'autres facteurs : n'avoir jamais formé de couple, agresser un garçon, avoir d'autres agressions que l'agression sexuelle... Ces items sont fréquents chez les récidivistes. Alors bien sûr, cela est tentant de dire que les gens qui présentent certaines caractéristiques que l'on a trouvées chez les récidivistes dès le premier acte, sont à surveiller tout particulièrement. Ces items ne sont pas cliniques, mais statistiques.

Donc l'inconvénient de ce concept, c'est que même si l'homme change radicalement, il va avoir toujours ces items contre lui, parce que l'on ne peut pas les changer. Par contre, je propose d'avoir ces échelles statistiques statiques, qui sont un risque potentiel et non un risque sûr, et puis l'évaluation qualitative qui peut, en revanche, changer. [...] Je veux rationaliser un débat contradictoire avec les avocats sur la dangerosité supposée. À partir du moment où cela se traduit par une plus ou moins grande contrainte, j'essaye de mettre de l'argumentation dans la dangerosité supposée. Parce que, de la manière dont les textes sont rédigés, il y a des gens qui font à l'intuition. Ils ne regardent pas les études scientifiques ni statistiques. [...] Est-ce que la dangerosité criminologique permet une marche arrière ? Oui, parce que vous avez toujours l'expertise qualitative. C'est vrai que le problème des expertises quantitatives, c'est qu'elles plombent le sujet. Par contre, l'évaluation qualitative, par exemple dans le domaine du braquage, comme François Besse, permet de relativiser l'évaluation. Alors certains disent qu'ils n'auront pas le courage. Oui, mais il faut l'avoir ! C'est ça être magistrat.

Il y a des critères toutefois qui posent question, comme le fait de ne jamais avoir été marié par exemple, ou d'avoir des parents divorcés ; certains s'interrogent sur la pertinence de ces critères dans la prédiction de la récidive.

M. MILLET : Oui, mais on ne s'arrête jamais sur un seul critère. C'est un ensemble de scores. Si vous regardez la dépression par exemple, si vous êtes célibataire, vous avez plus de risque de faire une dépression que si vous êtes marié. Mais est-ce que pour autant quand on voit quelqu'un qui est seul on va lui dire attention à la dépression ? Non. On va tenir compte d'autres critères comme par exemple le fait que c'est une femme, qui a plus de risque de faire une dépression qu'un homme. [...] C'est l'accumulation de plusieurs critères qui constitue finalement un outil psychométrique et qui va permettre de dire avec un taux de probabilité que la personne est à haut risque.

Seriez-vous favorable à l'introduction et donc à l'utilisation de ces échelles en France ? Ces outils peuvent-ils vous être utiles dans cette logique de prédiction ?

M. MILLET : Bien sûr. Ce n'est pas que j'y sois favorable, c'est qu'à mon avis c'est une nécessité.

M. SENON : Nous sommes dans le cadre d'une société qui actuellement se développe de façon très sécuritaire, où le sentiment d'insécurité est extrêmement fort, et où ce sentiment d'insécurité est parfaitement clivé dans la mesure où il n'a rien à voir avec la réalité du crime. [...]

Les outils actuariels sont actuellement en quelque sorte utilisés de façon politique pour légitimer une représentation politique de l'insécurité qui est très classique quand on est dans des périodes économiques telles qu'on en connait actuellement. En France, on considère que ce n'est pas acceptable d'utiliser un outil qui sépare les dangereux des non dangereux sur des critères essentiellement statistiques comme le font nombre d'échelles actuarielles anglosaxonnes. [...] Les auteurs des violences les plus graves ont connu des problèmes scolaires au cours élémentaire, ont connu une séparation précoce du couple parental, n'ont jamais été mariés ou ont moins de 30 ans… On pointe ici les facteurs statiques de risque de violence appartenant à l'histoire du sujet et sur lesquels aucune prise en charge ne peut avoir d'action… L'idée des concepteurs des méthodes actuarielles c'est se détacher de l'homme et pouvoir faire une démarche qui justement n'est en aucune façon une démarche qui puisse être biaisée par la relation qu'on a à l'homme.

Il n'en est pas de même pour les guides d'entretien semi structurés comme la HCR-20 qui permet au clinicien, psychologue ou psychiatre de confronter les données de l'entretien clinique avec une trame d'examen interpellant sur des facteurs de risque statiques ou dynamiques équilibrés.

Il ressort de la doctrine que la solution de sagesse serait une analyse mi-clinique, mi-actuarielle. Qu'en pensez-vous ?

M. SENON : L'HCR 20 utilisé comme guide d'entretien est sûrement une bonne réponse. Cette échelle ne comporte pas de *cut-off* et ne sépare pas dangereux de non dangereux. Elle aide au repérage des éléments dynamiques sur lesquels doit porter le travail psycho-éducatif pour limiter les risques.

M. ZAGURY : Oui, c'est ça. Si vous voulez, c'est un peu la position de tous les gens de bon sens. Tout le monde dit la même chose ; comme toujours il y a le délire politique et il y a le bon sens. Le délire politique, c'est : « les psychiatres, c'est n'importe quoi, c'est du pifomètre. La science nous dit exactement qui va récidiver ou pas », ce qui est complètement idiot évidemment, puisque les échelles ne disent pas qui va récidiver, elles donnent des scores, elles évaluent le risque par rapport à des groupes témoins. Mais il y a des éléments cliniques que l'échelle n'apporte pas. […] Monahan a critiqué les expertises psychiatriques et il y a eu aux États-Unis, cette flambée, ce recours aux échelles actuarielles. Quelque part, le recours systématique aux échelles apaise nos affres, puisque c'est l'échelle qui va décider. Mais en même temps, c'est totalement inhumain puisque la personne peut avoir rencontré Dieu, avoir fait une psychothérapie, peut avoir changé dans sa tête, peut avoir élaboré psychiquement des tas de choses, peut avoir fait un effort de réinsertion, il aura toujours ses casseroles statistiques ! Elle aura toujours ses carences de l'enfance, ses antécédents judiciaires, son père ceci, sa mère cela et etc. ! Si l'on va jusqu'au bout de cet espèce d'hygiénisme scientiste, au fond c'est une logique purement éliminatrice qui prévaut. La peine perd tout sens. Si la peine perd tout sens, on met en danger l'ensemble des personnels pénitentiaires ! Il faut quand même regarder tous les éléments de la chaîne !

Pour aller plus loin...

DANET J., «La dangerosité, une notion criminologique, séculaire et mutante», *Champ pénal*, volume V, 2008, http://champpenal.revues.org/.

DOZOIS J., LALONDE M. et POUPART J., «La dangerosité : un dilemme sans issue ? Réflexion à partir d'une recherche en cours», *Déviance et société*, Volume 5, n° 4, 1981, p.387.

LEYRIE J., « L'état dangereux criminologique. De la théorie à l'application », *Médecine et droit*, n°17, 1996, p.11.

PARIENTE G., Dangerosité, *Journal Français de Psychiatrie*, n°23, p.18.

PHAM T., DUCRO C., MARGHEM B. et REVEILLERE C., «Évaluation du risque de récidive au sein d'une population de délinquants incarcérés ou internés en Belgique francophone», *Annales Médico Psychologiques*, n° 163, 2005, p.844.

PROULX J. et LUSSIER P., «La prédiction de la récidive chez les agresseurs sexuels», *Criminologie*, Volume 34, n° 1, 2001, p.12.

Chapitre 3. L'influence processuelle de l'avis de la commission sur les juridictions d'application des peines

« Saint-Simon l'avait prévu : la pire tyrannie, sera celle des savants »
Georges RIPERT
Les forces créatrices du droit

La thématique de l'influence de l'expertise sur la justice pénale, pour ce qui nous intéresse, n'est pas nouvelle. Si l'on recense actuellement pas moins de treize expertises tout au long de la chaîne pénale, le constat d'une tendance à la scientifisation de la justice est récurent. Le législateur, en imposant aux magistrats de recourir de plus en plus aux expertises, guide non seulement le parcours pénal et post-sententiel des condamnés, mais encadre également les professionnels qui prennent ces décisions d'aménagement de peine ou de mesures de sûreté. Cette rationalisation de la pratique judiciaire – ou *benchmarking*, constitue donc une double précaution dans l'échiquier du risque. Précaution pour la société car il s'agit, nous le verrons plus tard, de ne relâcher que les individus les moins dangereux ; mais précaution également pour l'institution qui ne doit plus prendre de décisions hasardeuses, qui, lors d'un nouveau fait divers médiatisé, engagera la responsabilité (du moins morale) des magistrats qui ont pris la décision.

L'avis de la commission pluridisciplinaire est donc une nouvelle occasion de souligner les rapports d'influence qui se repositionnent désormais dans le triptyque suivant : expertise de dangerosité, avis de la commission pluridisciplinaire et décision de justice intervenant par la suite. À l'influence classique de l'expertise sur la décision judiciaire, s'est greffé l'avis de la commission, qui, à certains égards, constitue une « super-expertise ». En effet, l'adjonction de pseudo-experts qui rendent ensemble un avis sur la dangerosité de l'individu, a été conçue comme une phase du processus décisionnaire, dont les responsabilités sont, à l'évidence, éclatées. L'expert ne sera plus le seul responsable, mais l'avis de sept « experts » constituera pour le juge, une assise, du moins une échappatoire en cas de mise en cause publique de sa responsabilité pour une décision prise. C'est ici l'illustration de la théorie de la « patate chaude » dans un contexte évident de réduction des risques. Le constat fait par certains est assez éclairant : « Lorsqu'un agresseur sexuel récidive, la première question qui vient à l'esprit de la majorité des gens est la suivante : qui est responsable de la remise en liberté de cet individu ? Cette question repose sur la prémisse selon laquelle la récidive de cet agresseur était prévisible et que la personne, ou l'instance décisionnelle, responsable de sa remise en liberté a commis une erreur »[31].

L'avis de dangerosité de la commission n'est donc pas neutre. Avoir créé cette nouvelle structure permet de penser que l'avis qui en découlera sera crédité d'une valeur particulière. Robert Vouin s'interroge ainsi sur la contradiction qu'il y aurait « entre le fait que le juge sollicite les conclusions des experts en raison de sa propre incompétence technique et se réserve en même temps la faculté de ne pas les suivre »[32]. Robert Castel dira quant à lui, à propos de la psychiatrie, qu' « elle porte l'expertise à la hauteur d'une véritable magistrature »[33]. Si le législateur n'a pas prévu que l'avis de la commission lie les juridictions d'application des peines[34], il revient aux magistrats de faire preuve d'esprit critique, et, disons-le, de courage.

Les magistrats ne connaissent actuellement que des cas de PSEM et de libérations conditionnelles des réclusionnaires à perpétuité.

---

[31] PROULX J. et LUSSIER P., « La prédiction de la récidive chez les agresseurs sexuels », *Criminologie*, Volume 34, n° 1, 2001, p.10.
[32] VOUIN R., *Le juge et son expert*, Dalloz, 1995, p.30.
[33] CASTEL R., *L'ordre psychiatrique. L'âge d'or de l'aliénisme*, Les éditions de minuit, 1976, p.155.
[34] Toutefois, s'agissant du premier placement en rétention de sûreté, l'article 706-53-14 du C. pr. pén dispose que la commission *proposera* le placement en rétention de sûreté.

Chiffres à l'appui[35], s'agissant de la CPMS de Rennes, et concernant les données exploitables[36], les juridictions suivent l'avis de la commission dans 79 % des cas. Ces chiffres seront à relativiser le cas échéant par les décisions à venir. Notons que, s'agissant du PSEM, le JAP est plus ou moins libre dans sa décision puisque pouvant refuser de le prononcer pour des problèmes d'hébergement. S'agissant d'une mesure de libération conditionnelle d'un réclusionnaire à perpétuité, la marge d'appréciation des magistrats se trouve en revanche fortement réduite. Il est ainsi permis de craindre, pour l'avenir, un suivi quasi-systématique des juridictions de l'avis de la CPMS concernant les deux dernières mesures de sûreté que sont la surveillance et la rétention de sûreté. La magistrature abdiquant ainsi son pouvoir décisionnaire aux « experts ».

Face à ce déplacement du processus décisionnaire, à cette dilution des responsabilités et paradoxalement, à la mise en cause des magistrats en cas de fait divers, peut-on toujours soutenir que le juge est encore juge ? Que restera-t-il de sa liberté de prise de décision, déjà corsetée Outre-Atlantique par des *guidelines*, qui semble lui faire de plus en plus défaut ? Alors qu'il revient à la Cour d'assises, dans le cadre de la rétention de sûreté, de prononcer le réexamen du détenu à sa fin de peine pour envisager un placement en centre socio-médico-judiciaire, ne faut-il pas craindre, là aussi, une prise de décision précautionneuse ? Il est désormais clair que toute décision est désormais vécue comme une prise de risque, intolérable pour la société de sécurité apparue au lendemain des attentats terroristes du 11 septembre 2001.

---

[35] Données statistiques couvrant la période du 1er septembre 2007 au 29 janvier 2009.
[36] Exclusion faite des désistements et des dossiers en attente en raison d'un placement au CNO.

Dans ce chapitre (par ordre d'intervention) :

Mme HERIN, juge d'application des peines au Tribunal de grande instance de Caen

M. BLOAS, représentant du Préfet à la CPMS de Rennes

M. SENON, professeur psychiatre

M. PINEAU, avocat à la CPMS de Rennes

Mme BIANCHI, avocate pénaliste

M. BELAN, Substitut général près la Cour d'appel de Rennes

Mme PICHON, juge d'application des peines au Tribunal de grande instance de Nantes

M. ROUSSEAU, avocat pénaliste, représentant du **Syndicat des avocats de France**

Mme BERHAULT, Vice-Procureur au Tribunal de grande instance de Nantes

Mme DELHAYE, juge d'application des peines au Tribunal de grande instance d'Argentan

M. MILLET, psychiatre à la CPMS de Rennes, expert près la Cour d'appel de Rennes

M. ZAGURY, expert psychiatre

M. BEUZIT, Président de la CPMS de Rennes

M. PARANTHOINE, psychologue clinicien à la CPMS de Rennes, expert près la cour d'appel de Rennes

M. GUILLAUME, Chef de service au SPIP 44

M. BONDUELLE, magistrat instructeur, représentant **du Syndicat de la magistrature**

M. COUTANCEAU, expert-psychiatre

M. BIDET, représentant de l'administration pénitentiaire à la CPMS de Rennes

M. PANNETIER, Président de la Cour d'assises de Loire-Atlantique

Section 1. De l'expertise à l'avis de la commission : des magistrats toujours plus liés par les avis des experts ?

Ne pensez-vous pas que l'avis de dangerosité de la commission puisse lier le JAP, le TAP ou la juridiction régionale de la rétention de sûreté ? On a ainsi du mal à comprendre au nom de quoi, la commission ayant émis un avis de dangerosité, la juridiction ne suivrait pas cet avis.

Mme HERIN : Il y a plusieurs choses. D'abord, il faut distinguer les problèmes de PSEM et les réclusionnaires à perpétuité. C'est vrai que pour les perpétuités, un tribunal d'application des peines qui ira à l'encontre de l'avis de la commission, je ne vois pas ça très facilement. Si la commission considère que le détenu est dangereux, on peut considérer nous aussi, après avoir lu le dossier, qu'il va être dangereux et que l'on ne va pas le faire sortir. Pour les PSEM, c'est assez différent parce que cela arrive quand même assez fréquemment que la commission émette un avis favorable au PSEM. Nous aussi, on peut considérer que le PSEM est tout à fait indiqué, mais pour X raisons et notamment tous les problèmes liés à l'hébergement, on ne va pas pouvoir le mettre en place.

M. BLOAS : Le TAP sera obligé de produire une argumentation au moins aussi solide que celle fournie par la commission pluridisciplinaire. Ce n'est pas impossible, mais c'est vrai qu'il y a un risque et on prend aussi le risque de se retrouver à devoir rendre des comptes, comme doivent le faire certains juges d'instruction. On évolue aussi vers cette idée de responsabilisation des magistrats [...] On n'interdira pas aux magistrats de décider, de prendre un avis contraire. C'est vrai que la facilité consisterait à suivre simplement l'avis de la commission.

M. SENON : Oui, c'est effectivement un risque avec un problème en cascade. Le premier problème c'est que l'expert qui va être sollicité engage sa responsabilité et il sait très bien qu'il va ouvrir le parapluie le plus largement possible. Le deuxième risque c'est que la commission fasse pareil. Mais la commission peut-elle faire autrement ?

M. PINEAU : Je n'imagine pas bien, pour reprendre cette problématique de dilution de la responsabilité, le juge d'application des peines auquel la commission aura dit qu'il y a une dangerosité avérée, passer outre son avis et prendre le risque d'endosser tout seul le costume de la responsabilité. On l'a déchargé d'une certaine façon au profit de la commission. [...] Je pense effectivement qu'il ne prendra jamais un avis contraire, enfin une décision contraire à l'avis défavorable de la commission. Donc oui, cela modifie la façon de juger puisque cela retire une part de la souveraineté du juge.

Mme BIANCHI : Je vous rappelle qu'au départ, cela devait être un avis conforme de la CPMS. À quoi servaient les juridictions d'application des peines, hormis être des juges d'homologation ? Aujourd'hui ce n'est plus un avis conforme, mais c'est vrai qu'il y a un poids particulier de la CPMS. Cela dépend également de l'usage que les juridictions d'application des peines en feront, dans la mesure où, préalablement à l'avis de la CPMS, il y a un dossier CNO. [...] Il ne faut pas que l'avis de la CPMS, avec toutes les réserves que j'ai émises dessus, masque, dans les cas où il y a un dossier CNO, le réel travail disciplinaire qui est fait par le CNO ; et le vrai danger c'est ça. [...] Je pense que les juges d'application des peines auront envie, pour pas mal d'entre eux, de ne pas nécessairement suivre.

La juridiction se sentira-t-elle liée par cet avis de la CPMS ?

M. BELAN : Je pense, oui. Vous ne manquerez pas de leur poser la question, mais je pense que oui. C'est une commission qui regroupe des gens importants, qualifiés, qui vont prendre leur tâche très à cœur et son avis aura incontestablement du poids.

Pensez-vous que les juridictions de l'application des peines soient liées par l'avis de la commission ? Finalement, en extrapolant, peut-on dire que le juge est encore juge ou bien n'est-il pas devenu un « homologateur » ?

Mme PICHON : Je pense que, clairement, le poids de cet avis sera considérable. Après il faut pratiquer mais... Je pense que la procédure est conçue ainsi. Après, ce n'est pas forcément un déplacement de la décision puisque c'est la juridiction qui la prendra. Je dirais qu'il y a un parallèle à faire avec toutes ces procédures qui conditionnent un certain nombre de décisions d'aménagements de peine, de permissions de sortir ou de réductions de peine à des expertises psychiatriques. Elles ne lient pas le juge, mais elles ont un poids considérable. [...] Cela s'inscrit, à mon sens, dans une évolution générale du droit pénal et de la procédure pénale qui est le poids des expertises, le poids d'une commission, de plus en plus important lors de la prise de décision. Ce domaine-là n'est pas le seul concerné. Finalement, plus personne ne prend la responsabilité de rien, puisque c'est trop saucissonné alors que le moment phare devrait être ce que dit le juge. Les textes sont maintenant rédigés de cette façon : ils mettent en avant un élément avant les autres. Dont acte ! [...]

Une fois que le processus est enclenché, il va jusqu'au bout. C'est clair ! Une fois que la commission a dit oui, cela ne va plus s'arrêter. [...] Une fois que vous avez eu des saisines, que vous avez eu un avis favorable, que vous avez eu une expertise, comment voulez-vous stopper la machine après ? Comment voulez-vous dire que tout d'un coup, on a considéré que non, tout ça devait être mis à néant ? À mon avis, c'est un outil majeur. Il y a deux outils majeurs. Il y a la saisine initiale : est-ce que je déclenche, est-ce que je ne déclenche pas ? Est-ce que le parquet saisit, est-ce qu'il ne saisit pas ? [...] Donc l'enclenchement de la procédure c'est un pouvoir considérable. Et après, c'est la commission. Ce n'est pas l'audience devant le TAP ! À mon sens, c'est quand même globalement joué d'avance. [...] Le moment phare ne va pas forcément être le moment de l'audience, ce qui est un peu paradoxal. C'est plutôt toute la mise en état et tout ce qui se sera préparé avant. [...] Je dirais que l'appréciation de la dangerosité sera quand même relativement gravée dans le marbre par tout ce qui se sera passé avant. C'est plutôt ça ! Et au moment de l'audience, je vois mal comment tout d'un coup, le tribunal va dire : en dépit de tous ces éléments, nous considérons que Monsieur ne présente pas de risque avéré ou de particulière dangerosité. Là, ça ne va pas aller ! [...]

Il ne faut pas désespérer du système, à partir du moment où l'on acceptera de mettre des freins à certains moments. Si on fait des systématisations à toutes les procédures, là, le risque c'est que la procédure s'enclenche et ne s'arrête plus jamais. Le souci va être là. C'est-à-dire comment on l'arrête ? Cela va être le souci essentiel. Parce que, par exemple, s'agissant des surveillances judiciaires, les gens pouvaient être suivis quatre ans, cinq ans pour les grosses peines, et cela s'arrêtait. Maintenant, en fin de surveillance judiciaire, on va voir si on ne peut pas mettre une mesure de sûreté. Est-ce que là, à un moment donné, un expert va accepter de dire : Monsieur est libéré depuis quatre ans, il a beaucoup évolué, il est moins dangereux ? Le risque c'est que l'effet « boule de neige » se fasse et que cela ne s'arrête pas. [...] Cela a été fait de telle façon que, mis bout à bout, cela ne puisse jamais s'arrêter !

***

M. ROUSSEAU : Je crois que le JAP ne me donne aucun espace de parole ou d'écrit pour qu'antérieurement à la saisine de la commission, il ait mon point de vue sur l'opportunité de saisir la commission. Le JAP a son expertise parapluie, il saisit la commission. J'ai envie de vous dire qu'une fois que le mécanisme est enclenché je ne pourrai pas l'arrêter.

***

Mme BERHAULT : Il me semble évident que l'on va dans une marche qui sera quand même assez rouleau compresseur. À partir du moment où l'on aura saisi la commission qui donnera son aval, ce sera difficile pour un tribunal de l'application des peines de ne pas prendre ce genre de mesures. Parce que la responsabilité en cas de récidive sera terrible ! Pas à titre personnel, je veux dire moral. [...] Et puis il y aura aussi des détenus qui seront favorables à cela, parce qu'il ne faut pas imaginer que les personnes qui ont ce type de problématiques n'ont pas peur de sortir de prison. [...] Certains ont pu nous dire, il n'y a pas longtemps : c'est mieux pour moi, c'est mieux pour la société. Je préfère être suivi, je me fais encore peur.

Que pensez-vous de cette situation actuelle où finalement les décisions de justice sont largement conditionnées par les expertises ? La fonction classique du juge qui est de trancher ne se mute-t-elle pas en une fonction qui consisterait à se référer aux expertises ?

Mme DELHAYE : [...] Évidemment, fatalement, on est obligé de s'en remettre aux conclusions des psychiatres. Il est extrêmement difficile pour nous, magistrats, de dire que le psychiatre a raconté n'importe quoi et que ses conclusions sont totalement inexactes. Si on n'est pas du tout d'accord avec les conclusions de l'expert, si on pense qu'il s'est trompé, c'est vrai que notre seule possibilité c'est d'ordonner une nouvelle expertise. Et si la seconde a les mêmes conclusions que la première, je me vois mal aller dire : mais les experts se sont complètement trompés, ils racontent n'importe quoi.

***

M. MILLET : Je suis effrayé de voir comment nous influençons les jurés et les magistrats. Il y a des avocats qui souvent s'enflamment pour nous titiller, mais si notre expertise est bien carrée et bien faite, ils ne vont pas pouvoir nous embêter beaucoup. Mais du coup, oui, on a bien sûr du poids.

***

M. ZAGURY : Il y a plusieurs niveaux. Au niveau formel, tout magistrat vous dira : c'est moi qui prends la décision, je ne fais que demander l'avis de l'expert. Et tout expert vous dira : moi je ne prends évidemment aucune décision, ce n'est pas dans mes prérogatives, je donne des avis. Il n'empêche que le magistrat s'appuie très fortement sur ces avis. Le magistrat, le plus souvent, suit les avis des experts en qui il a confiance. Il peut se dire que, s'il y a un drame, ce n'est pas à lui qu'on le reprochera. Il dira qu'après tout, il n'est pas médecin, qu'il n'est pas psychiatre. Donc il y a quelque part une bonne raison, c'est-à-dire qu'il fait confiance en un professionnel de qualité ; et une raison un peu moins bonne, qui est de penser que ce sera l'expert qui subira la vindicte ! Voilà ! Je pense que quand les avis sont clairs, nets, précis du style : il ne récidivera pas, il va beaucoup mieux, le juge n'hésite pas. Mais on peut rarement donner des avis aussi tranchés. Je vais vous raconter l'histoire de Lucien Léger. J'avais expertisé Lucien Léger qui était le plus vieux détenu de France, et qui avait tué le petit Luc dans les années 60. Nous avions fait un rapport extrêmement positif, en disant : 40 ans après, tout a changé. En plus, il s'était enfermé dans une espèce de système procédurier qui le protégeait. La probabilité pour qu'il récidive était tout à fait dérisoire. Néanmoins, nous disions que si les journalistes venaient le titiller, le chercher, on pourrait éventuellement craindre qu'il soit confronté à son identité criminelle initiale. Il fallait le laisser tranquille. Et les magistrats, alors que notre expertise était à 98 % positive, avec une petite réserve, ont dit que les experts s'opposaient à la mesure de libération conditionnelle ! Vous voyez ? Ces 2 % là, c'était 2 % de trop. C'est moral et sociétal, ce n'est même pas juridique, et certainement pas clinique.

Section 2. La décision de justice appréhendée comme une prise de risque

L'avis de la CPMS ne lie pas les juridictions d'application des peines. Néanmoins, pensez-vous qu'elles vont tout de même prendre le risque de s'en détacher ?

M. BEUZIT : Prendre le risque, là je réfute. Elles ne vont pas prendre le risque, elles ont le droit de s'en détacher. Donc elles doivent le faire si elles l'estiment. C'est à la commission d'être suffisamment claire dans ce qu'elle écrit pour que son avis soit compris. […] Il faut donc que la juridiction rende sa décision en toute indépendance.

Donc les juges ne sont pas « homologateurs » de l'avis de la commission ?

M. BEUZIT : Non, non. […] Ce n'est pas de l'homologation, c'est normal ! Je trouve que vous théorisez trop l'histoire du risque. Parce que vous dites que les juges seraient homologateurs. C'est une vue de l'extérieur. Nous ne partageons pas ce sentiment, ou alors on change de métier.

Mais dans le cadre de la démocratie d'opinion qui est la nôtre, l'affaire Evrard qui a donné lieu à la loi sur la rétention de sûreté, une libération conditionnelle avait été accordée…

M. BEUZIT : Oui, voilà ! C'est une opinion forgée par les médias qui ne cherchent que l'extraordinaire et qui analysent sommairement les faits. De toute façon, vous avez vu le sondage sur la rétention de sûreté. Ça a calmé tous les politiques puisqu'il y avait une majorité écrasante pour. Mais on les comprend ! On leur dit : vous vous rendez compte, quelqu'un peut prendre la décision tout seul de remettre en liberté un multirécidiviste ! Mais ce n'est pas comme cela que ça se passe. Maintenant avec le système de 2005, je vois mal cette critique pouvoir être dirigée contre les juges. Cela dit, moi je sens bien que cela existe dans l'esprit des collègues. On leur dit en tant que chambre d'application des peines que de toute façon, leurs décisions sont susceptibles de recours. Imaginez que le tribunal ait pris un avis totalement contraire en disant qu'il n'est pas dangereux, alors que les expertises le disent, que la commission l'a dit. Il y a le recours devant la chambre de l'application des peines. C'est ça qui est primordial, il faut que toute décision puisse être critiquée par la voie de l'appel.

Les magistrats de l'application des peines expliquent ne pas vouloir aller contre l'avis de la commission, dans la mesure où la décision d'aménagement de peine est vécue comme une prise de risque.

Mme BIANCHI : Bien sûr ! Mais j'aurais peut-être une plus grande confiance dans le juge d'application des peines que vous [*rires*]. J'en connais un certain nombre en tout cas qui s'affranchiront de l'avis de la CPMS. Pour autant, c'est vrai que c'est tentant d'ouvrir le parapluie, parce qu'aujourd'hui nous sommes dans une société du non-risque et que c'est désagréable de se faire stigmatiser simplement parce que l'on a fait son travail. [...] Le vrai risque, c'est le parapluie.

Ne percevez-vous pas ce risque, finalement, d'une faculté de juger amoindrie ?

Mme HERIN : Pas plus que par une expertise. Si l'on a une expertise dans un dossier qui nous dit que le détenu a une dangerosité majeure, c'est vrai que l'on ne va pas s'amuser à aller contre. Sur un dossier tel qu'il y en a un qui vient mardi, le CNO nous dit qu'il présente une dangerosité sociale majeure. La commission dit qu'il est dangereux. Je ne vois pas très bien pour quelles raisons on irait se mettre en tête de le mettre dehors. Je pense que pour les RCP, globalement, on va avoir la même appréciation. Pour le PSEM, c'est un peu différent car il y a des tas d'autres contraintes qui rentrent en ligne de compte. En revanche, quand la commission émet un avis défavorable, c'est assez rare qu'on mette un PSEM. Le PSEM c'est quand même un dispositif compliqué. Je ne vais parfois même pas au bout de mes enquêtes. Si la commission émet un avis défavorable, j'arrête. [...]

Mme DELHAYE : D'abord, on n'a pas le même établissement et puis on fonctionne différemment. C'est-à-dire qu'en général, c'est plutôt nous qui signalons au parquet [d'Argentan] que l'on a quelques inquiétudes par rapport à la sortie, et qu'on leur donne le dossier. Qu'ils réfléchissent, qu'ils prennent des réquisitions s'ils le souhaitent.

[…] C'est vrai que le parquet est relativement raisonnable, c'est-à-dire que c'est vraiment dans les cas les plus graves qu'ils envisagent cette mesure de surveillance judiciaire PSEM. […] La façon d'apprécier les choses est un peu liée aussi à la personne qui traite le dossier ; c'est-à-dire qu'en fonction de la personne que l'on peut avoir comme chef de parquet, on n'a pas forcément non plus la même politique de saisine des juridictions de l'application des peines. C'est une réalité.

Mme HERIN : Alors qu'à Caen, il y a quand même eu tout le traumatisme d'Évrard, Le Comte, et du coup c'est vrai que dans les six mois qui ont suivi, quasiment tous les sortants qui étaient dans les clous sur le plan juridique, il y avait des réquisitions de surveillance judiciaire avec PSEM. [...]

Mme DELHAYE : Il y a le cas de ce juge espagnol ; il a décidé de placer un détenu en libération conditionnelle, et il a récidivé. Il a été sanctionné sur le plan disciplinaire. […] Chaque fois que l'on fait sortir un détenu, on prend un risque, ça, c'est clair !

Finalement, à ne jamais pouvoir exclure le risque, les juges ne vont-ils pas prendre des précautions ?

Mme DELHAYE : Je pense que la loi rétention de sûreté, c'est ça. C'est presque le principe de précaution appliqué à la justice. Il ne faut plus qu'il y ait le moindre incident.

Imaginons un cas d'école : la commission émet un avis de dangerosité avérée. Les juridictions vont-elles prendre le risque d'aller contre cet avis ? Parce qu'en imaginant un fait divers, on va aller chercher, *a priori*, la responsabilité des magistrats qui ont pris, par exemple, la décision de libération conditionnelle.

M. PARANTHOINE : C'est comme ça que cela fonctionne. C'est le parapluie !

M. GUILLAUME : Oui, c'est bien là où je dis que les choses sont viciées. Elle émet un avis. Donc cela veut dire que quelque part, les gens de la commission disent : attendez, nous sommes des experts, donc un expert ne peut émettre qu'un avis. Donc, on émet un avis sur la dangerosité, qui est déjà un concept pas très clair et assez flou ; et le juge d'application des peines dit : vous comprenez bien, si la commission nous dit qu'il faut un PSEM, on va mettre un PSEM. On peut remonter au-delà, c'est-à-dire au signalement de la personne avant que le JAP ne saisisse la commission. Ce signalement, par qui est-il fait, et quand ? Sur quels critères ? Vous avez des services pénitentiaires d'insertion et de probation, où ils disent : mais nous n'en savons rien. Donc quand on va nous demander un rapport, on sort la liste de tous les gens qui sont susceptibles d'être dangereux, et on met : voilà ce que l'on fait. Mais pas un avis, pas un engagement. Et pourquoi n'émettent-ils pas un avis ? Parce que légitimement, ils estiment qu'ils ne sont pas armés, au niveau de la formation et au niveau des outils, pour émettre un avis. Simplement on le signale. Et on est donc dans cette chaîne, du début jusque la fin, dans une espèce de flou artistique un peu sympathique, mais qui malheureusement, débouche sur une décision très grave. Et cette décision, on la justifie par rapport à toute cette chaîne, comme si c'est elle qui créait l'objectivité ; comme si une addition de subjectivités, donnait une objectivité ! C'est stupide, mais c'est ce qui est en train de se passer pour les mesures de sûreté.

M. BONDUELLE : Imagine-t-on vraiment des juges qui ne vont pas suivre l'avis du collège de psychiatres qui va dire : il est dangereux ? Non ! On n'imagine pas ! Quand on voit déjà la place de la détention provisoire aujourd'hui, où on est à un stade où la personne est présumée innocente même si certains reconnaissent ; il y a presque un tiers des détenus en France qui sont des détenus provisoires, donc présumés innocents ! Vous voyez déjà que les magistrats, ça ne les chagrine pas plus que ça d'être dans une espèce de précaution, c'est-à-dire d'envoyer en détention des gens dont on ne sait pas encore s'ils sont coupables. Alors, quand demain tout ça sera bordé par un avis de psychiatres qui dira qu'il a pris quinze ans, donc il y a déjà cette obsession de l'antécédent, et qu'il est dangereux, terminé ! Cela veut dire que c'en est fini de la mission du juge. Ce n'est plus un juge, c'est un homologateur de décision médicale ! Je voudrais juste rappeler qu'il n'y a pas si longtemps en France, il y a eu quand même une réflexion nationale qui a choqué tout le monde sur ce que pouvaient dire les psys sur la parole des enfants. Alors ce qui est quand même extraordinaire c'est que l'on s'est rendu compte que les psychologues pouvaient raconter n'importe quoi. Les psychiatres, tout en étant médecins malgré tout, le disent eux-mêmes. Si vous écoutez quelqu'un comme Daniel Zagury, il vous dit : attendez, la psychiatrie ce n'est pas de la physique quantique. [...]. C'est quand même étonnant de voir que là où on ne croit plus les psys, on leur donne une importance extraordinaire ! Et je ne crois pas que les psys veuillent de cela.

M. COUTANCEAU : Il faut aussi se calmer. Nous n'avons pas, nous professionnels, ni médecins, ni juges, une obligation d'efficacité. Résister aujourd'hui, c'est oser sortir quelqu'un. Mais ce que les collègues oublient de dire, c'est qu'au fond, ils vous disent qu'ils ont peur du système. Ce n'est pas vrai ! C'est qu'aujourd'hui, la société fait attention aux victimes et c'est pertinent. Donc il y a des professionnels qui se disent : si le sujet a été libéré un peu grâce à moi, je suis mal aussi. Au fond, il y a une culpabilité. Il faut être courageux aussi et prendre des risques. Je suis pour le contradictoire et même pour que les experts se cassent la figure. Les grands avocats sont bons et ne vont pas se laisser faire par le système. L'expertise parapluie, moi j'appelle ça des mollassons. Il faut que dans l'expertise il y ait du contradictoire, il faut que les juges assument leur vérité s'ils pensent qu'une personne a évolué humainement. Si on veut se battre contre les textes, il faut aussi continuer à se battre à l'intérieur du système.

Percevez-vous l'importance de la commission à jouer le rôle de filtre, rôle important également du Procureur et des JAP afin de ne pas saisir systématiquement la commission ?

M. BIDET : Oui. Je vois mal comment le tribunal de l'application des peines pourrait se délier de l'avis de la commission. Juridiquement, il pourrait, mais en opportunité, cela me paraît difficile. D'où l'importance du poids qui pèse sur les membres de la commission. Si on est conscient de cet enjeu-là, sur le prononcé de l'avis, on sait que cela va être en grande partie le point d'entrée ou de fermeture pour le détenu, pour bénéficier d'un aménagement de peine.

Les membres de la commission ont-ils conscience de cet enjeu ?

M. BIDET : Je ne peux pas parler pour eux, mais moi, oui. J'ai trop souvent siégé en tant que chef d'établissement dans des commissions d'application des peines, avant la juridictionnalisation et après la juridictionnalisation, et émis des avis en débat contradictoire, pour savoir le poids que peut avoir un avis.

D'autant plus pour des cas qui vont être très médiatisés.

M. BIDET : Oui, cela va concerner les publics les plus lourdement connotés que nous traitons. On peut tout à fait imaginer les médias attendant l'avis qui sera pris par la commission. Pour l'instant, ils n'ont pas encore bien compris quel est le circuit ! La justice étant toujours très compliquée, le fonctionnement d'une commission pluridisciplinaire passe mal au 20 heures, c'est difficile à expliquer. Mais oui, en effet, rien n'interdit un jour qu'ils s'y intéressent. Je me rappelle un jour, j'ai vécu cela ici en direction interrégionale, après la loi de 2000 sur la juridictionnalisation des décisions de libérations conditionnelles, pour les détenus qui relevaient antérieurement de la compétence du garde des Sceaux. Je peux vous dire, le jour où le tribunal d'application des peines, mais à l'époque cela ne s'appelait pas comme ça, au niveau de la Cour d'appel, qui a rendu la décision de libération conditionnelle de Patrick Henry, à Caen... La commission siégeait à l'intérieur des murs du centre pénitentiaire de Caen, et ils avaient fait le siège depuis la veille. On avait des flambées de journalistes avec micros etc., et quand le Procureur général et le Président de la commission sont sortis, évidemment ils siégeaient en personne... je me rappelle des micros. C'était Patrick Henry ! Ce condamné dont la libération avait été rejetée par le garde des Sceaux. Et pour la première fois, une commission juridictionnelle prenait une décision de libération conditionnelle pour un criminel que l'on considérait emblématique de la dangerosité criminologique. Donc à terme, il y aura sans doute une médiatisation des avis de la commission. C'est un filtre, et même plus que cela, je pense que l'avis de la commission est un aiguillon plus qu'un filtre.

Section 3. La tentation d'un positionnement sécurisant de la Cour d'assises

Le prononcé par la Cour d'assises du réexamen du condamné à la fin de sa peine ne risque-t-il pas de devenir systématique ? On va dire aux jurés qu'ils ont la possibilité de décider aujourd'hui que la personne, à l'issue de sa peine, sera réexaminée. Cela veut donc dire que si cette possibilité n'est pas décidée au jour où la Cour d'assises statue, elle ne le sera pas dans quinze ans. Donc le condamné « dangereux » pourra ressortir. Ne va-t-il pas y avoir un principe de précaution qui inciterait les jurés à prononcer ce réexamen *a posteriori*, qui, par définition, n'a aucune incidence à l'heure où la décision est prise ?

M. PANNETIER : C'est peut-être ça qui se passera effectivement, mais alors là, le principe de précaution va s'appliquer. Dès qu'un expert aura dit qu'il y a un risque de récidive ou qu'on ne peut pas écarter le risque de récidive…

Et s'agissant du suivi socio-judiciaire qui est une autre forme de contrôle, les jurés la prononcent-ils souvent ?

M. PANNETIER : Ah ! Oui ! Lorsque c'est requis, c'est presque systématiquement prononcé.

Donc justement, pour une mesure qui a encore moins de conséquences, ne doit-on pas craindre une systématicité de la mesure ?

M. PANNETIER : Vous avez raison, cela ne mange pas de pain ! Et ça sera en fin de délibéré donc les gens commencent à être fatigués. Je pense qu'on ne se réengagera pas dans un débat. Et dès que la juridiction l'aura retenue, la commission sera automatiquement saisie. Il va y avoir une lourdeur de l'institution.

Ne pensez-vous pas qu'il y aura un effet déresponsabilisant du juge et de l'expert ? D'ailleurs, les jurés prendront-ils le risque de ne pas suivre l'avis de l'expert ?

M. PANNETIER : Non ! Dans la pratique, si l'expert psychiatre dit que le risque de récidive est très important et qu'il est nécessaire que cet accusé soit suivi après sa peine ou s'il est nécessaire avant d'être libéré qu'il soit revu pour qu'il soit jugé de sa dangerosité, les jurés vont suivre.

Donc la Cour d'assises est plus ou moins « liée » par les rapports d'expertise, de la même manière que les juridictions d'application des peines sont « liées » par l'avis de la commission ?

M. PANNETIER : Dans la pratique, oui ! Surtout que cela n'aura pas d'efficience immédiate. Surtout dans le climat actuel où tout le monde se retrouve responsable et se retrouvera responsable de tout. Et puis je n'ai pas de connaissances en psychiatrie suffisantes. Si quelqu'un me dit qu'une personne est extrêmement dangereuse, il va falloir vérifier avant de le faire sortir, si son état de dangerosité s'est atténué, s'est maintenu ou voire a augmenté. C'est une question de bon sens et de sens des responsabilités.

***

M. BONDUELLE : Pour revenir sur les troubles de la personnalité, on n'imagine pas trop que des Cours d'assises pour des affaires malgré tout, graves et lourdes puisque c'est quinze ans minimum, vont d'elles-mêmes, franchement j'attends de voir mais la routine va faire son travail, dire : non, on ne met pas la petite clause qui permet le réexamen. À mon avis, tout le monde va la mettre. Ça risque de se banaliser parce que pour être allé aux assises souvent, les jurés vous disent : mais quand est-ce qu'il va ressortir ? [...] Je pense qu'ils vont la mettre à chaque fois puisque l'on est dans des logiques prédictives. Donc, ils vont probablement mettre cette clause à des gens qui, au fond, à l'instant T où ils le condamnent, n'a pas de trouble de la personnalité mais en se disant que l'on ne sait jamais. Mais vous allez avoir des personnes qui vont en avoir du fait de leur détention, puisque la détention rend dingue, pour certains en tout cas ; et qui du coup, à l'issue de leur peine, présenteront des troubles de la personnalité. Ils auront été rendus dangereux par la détention parce que l'on sait très bien que la détention rend certaines personnes dangereuses, ça rend dingue parfois ! [...] Du coup, ça revient un peu comme à se constituer preuve à soi-même. C'est-à-dire que l'on met les personnes en prison, très, très longtemps, avec des peines très lourdes donc très désocialisantes et très déstructurantes psychologiquement, et après on constate le résultat de notre travail, de notre travail de société. On constate qu'on les a rendus dingues et du coup, on les retient encore parce qu'ils sont susceptibles d'être dangereux [*rires*]. Donc on voit toute l'absurdité du système.

S'agissant des peines de réclusion criminelle, la loi prévoit que la rétention de sûreté ne pourra être prononcée qu'en cas de peine au moins égale à 15 ans. Ne pensez-vous pas que les

peines de réclusion criminelle intermédiaires, à savoir 12, 13 et 14 ans, risquent d'être augmentées, par un effet d'ascenseur, pour atteindre le pallier de 15 ans et ainsi pouvoir prononcer la mesure ?

M. PANNETIER : Peut-être. Je ne pense pas trop parce que, si les faits sont vraiment graves avec une personnalité extrêmement inquiétante au moment où ils sont présentés à la Cour d'assises, alors on est dans les peines importantes, on n'est pas dans les peines intermédiaires. Sur des faits de viols aggravés, viols sur mineurs, s'il y a une peine de 12 ans, c'est que les jurés ont estimé qu'il y avait des éléments qui permettaient de ne pas aller plus près du maximum de la peine encourue. Dans les cas où l'expert nous dit : c'est une personnalité extrêmement grave avec un risque de récidive extrêmement important, on se rapproche du maximum de la peine encourue.

M. BELAN : Je n'y avais pas encore songé, mais c'est vrai que si l'on a à juger un violeur dangereux sur le plan criminel, il sera tentant mais aussi utile, d'atteindre le seuil de 15 années de réclusion criminelle pour pouvoir effectivement, à sa sortie, si la dangerosité persiste, avoir recours à la rétention de sûreté. Les réquisitions du Ministère public pourront facilement être expliquées aux jurés dans de telles hypothèses et ce afin d'éviter si possible une récidive.

✳✳✳

Mme BERHAULT : C'est possible et ça peut être utile dans un sens. [...] Je pense que ce sera le rôle du parquet d'expliquer aux jurés qu'en fonction de la peine qu'ils vont prononcer, il y aura un certain nombre de possibilités pour les suivis postérieurs à la peine. Les jurés doivent quand même être informés des règles légales en matière d'application des peines. On ne leur explique pas suffisamment. Certains avocats ou magistrats apprécient peu que l'on évoque dans nos réquisitions la question des réductions de peine, pourtant c'est une réalité. [...] Quand un avocat général dit : je requiers 10 ans ou 12 ans, que le jury prononce 10 ans, on sait déjà que la personne bénéficie du crédit de réductions de peine automatique à hauteur de 21 mois. Donc les peines prononcées ne sont pas exécutées dans leur entier. [...] Mais c'est quelque chose qui ne doit pas être dit comme ça, sinon la défense proteste en disant : mais vous voulez forcer les jurés à prononcer 15 pour avoir 12. Non ! Si on veut 15, on demande 15 et on informe qu'il y a des réductions de peine, que c'est normal et que c'est la loi. Pourquoi cacher cette réalité d'application des peines ? Je pense qu'il faudra expliquer aux jurés : je vous demande une peine qui ne pourrait être inférieure à 15 ans parce que cette personne est particulièrement dangereuse, parce que je vous demanderais la possibilité soit que vous la prononciez maintenant ou soit, si vous ne le souhaitez pas, vous laissez au juge d'application des peines le soin plus tard si ça le justifie. [...] Une peine ça s'explique. Je pense qu'il y a toute une partie des réquisitions qui doit être quand même, maintenant, très didactique sur la peine. [...] Ce qui serait choquant, ce serait de le faire en douce d'une certaine manière, sans le dire, en disant : je demande 20 ans comme ça j'aurai 15, je ne leur dis pas pourquoi. Ça ne serait pas loyal du tout.

Pour aller plus loin...

CASTEL R., *L'ordre psychiatrique. L'âge d'or de l'aliénisme*, Les éditions de minuit, 1976.

CASTEL R., *La gestion des risques. De l'antipsychiatrie à l'après-psychanalyse*, Les éditions de minuit, 1981.

Chapitre 4. Le poids des expertises de prédiction : entre faillibilité et surestimation des risques

> « *Vous voulez prévoir les crimes ? Que la liberté marche avec les Lumières* ».
>
> Cesare BECCARIA

Dans la nouvelle de Philip K. Dick, *Minority report*, le système *pre-crime* expérimenté dans cette dystopie permet l'arrestation de personnes avant qu'elles ne commettent leur forfait. Cette prédiction résulte d'une vision de trois précognitifs fournissant des renseignements permettant une intervention policière anticipée. Toutefois, il existe un rapport minoritaire d'un des trois précognitifs qui n'a pas la même vision prédictive de la réalité qui devrait se produire. Partant de là, le système policier *pre-crime* n'était plus fiable, car laissant subsister un doute sérieux quant à la réalisation de l'acte empêché.

C'est actuellement toute la problématique des expertises de prédiction qui évaluent la dangerosité d'un détenu pour un acte qu'il serait susceptible de commettre à sa libération de prison. Dès lors que l'évaluation de la dangerosité n'est pas détachable de l'usage que l'on en fait, il convient de s'assurer de la précision accrue de la prédiction qui permettra la mise en place de mesures contraignantes pour les libertés du condamné, allant jusqu'à une privation de liberté totale. Or, les expertises prédictives ne sont pas et ne pourront jamais être fiables. Par conséquent, jusqu'à quel degré d'incertitude peut-on admettre qu'un individu dangereux soit enfermé pour éviter la réalisation éventuelle d'une infraction, ceci au nom de la protection de victimes potentielles ?

Face au développement croissant du recours aux experts psychiatres, une réflexion sur l'objet même de l'expertise s'impose. Daniel Zagury explique que « le drame de la psychiatrie, prise entre réponse au symptôme, calcul gestionnaire et scientisme, c'est qu'on lui demande de multiplier les missions sans lui en donner les moyens, tout en lui imputant par avance ses échecs. C'est trop »[37]. La psychiatrie est en pleine crise identitaire à l'heure où elle est sommée par les pouvoirs publics de répondre à une demande de sécurité toujours plus forte. Il en résulte indéniablement un sentiment d'instrumentalisation que dénoncent bon nombre de praticiens. Instrumentalisation des pratiques car l'expert psychiatre devient un véritable décideur au cœur du processus judiciaire, et instrumentalisation des savoirs car la communauté psychiatrique crie haut et fort l'impossibilité qui est la sienne de prévoir la réalisation d'un acte plurifactoriel. En vain.

Les experts sont donc tentés, à leur corps défendant, d'adopter à leur tour une position sécurisante pour éviter toute mise en cause personnelle, qui lors d'un fait divers sera inévitable. On constate ainsi un mouvement de surestimation des risques, également appelé theorie de la levée de parapluie. Les experts, et cela a été régulièrement démontré, ont une tendance à surestimer les risques plutôt qu'à les mésestimer. « Cela veut dire que de plus en plus, on ouvre le parapluie quand il s'agit de prendre une décision risquée par peur que le risque ne se retourne contre soi-même ; et on prend alors la décision la plus dure parce qu' [étant] la plus sécurisante »[38]. Cette situation est loin d'être anodine puisque c'est en premier lieu le législateur qui adopte ces lois parapluie, c'est-à-dire des lois qui reportent par avance l'échec de la justice sur l'erreur de pronostic de l'expert (sic).

La réfutabilité de l'avis expertal pose également problème. Bien qu'il permette d'appréhender plus finement le risque de récidive,

---

[37] ZAGURY D., « On lui demande d'apaiser un corps social en souffrance », propos recueillis par D. Saubader, L'express, édition du 18 juillet 2005.

[38] CARTUYVELS Y. et DANET J., Le bien commun, Émission animée par Antoine Garapon, France culture, émission du mercredi 17 octobre 2007.

l'avis de l'expert n'est pas réfutable. Michel Landry explique que «l'état dangereux représente le parfait exemple de *l'énoncé non scientifique* (Popper), puisqu'il est *irréfutable*. Dire d'une personne qu'elle est capable de commettre un crime ne signifie pas, en effet, que cette personne commettra un crime, mais seulement qu'elle est susceptible *d'en commettre un*. Le non passage à l'acte ne l'invalidant pas, l'auteur d'un tel jugement est évidemment assuré de ne jamais se tromper »[39].

Enfin, les expertises servant de support au prononcé des mesures de sûreté ne sont pas infaillibles. Tel un rapport minoritaire, il existe toujours une marge d'erreur, reconnue, qui devrait légitimement justifier l'abandon de la rétention de sûreté.

Pour illustrer les risques de dérives des expertises de prédiction, évoquons avec Archer, l'affaire Baxtrom : « Gardé contre sa volonté pendant plus de dix ans dans un service de psychiatrie après un homicide, ce psychotique était estimé trop dangereux pour être autorisé à quitter l'hôpital [...]. Baxtrom este en justice et obtient de la Cour suprême sa sortie en 1973. Cette jurisprudence entraîne aussi l'exeat de près de 950 patients qui étaient dans une situation clinique et institutionnelle similaire »[40]. C'est ici l'illustration du calcul de Livermore : « Admettons qu'une personne sur mille va tuer et admettons qu'un test très précis peut différencier avec 95 % d'efficacité ceux qui vont tuer de ceux qui ne vont pas tuer. Si nous testions 100 000, sur les 100 qui vont tuer, 95 % seraient retenus. Mais malheureusement, sur les 99 900 qui ne vont pas tuer, 4 995 personnes seraient retenues comme des tueurs potentiels »[41].

Est-il encore naïf de se demander ce qu'il reste de la présomption d'innocence ?

---

[39] LANDRY M., *L'état dangereux: un jugement déguisé en diagnostic*, L'Harmattan, 2002, p.28.
[40] ARCHER E., « Expertise psychiatrique de prélibération », *Annales Médico Psychologiques*, n° 164, 2006, p.859.
[41] Cité par GAUTRON V., « De la société de surveillance à la rétention de sûreté. Étapes, faux-semblants, impasses et fuites en avant », *AJ pénal*, 2009, p.53 et s.

Dans ce chapitre (par ordre d'intervention) :

M. PARANTHOINE, psychologue clinicien à la CPMS de Rennes, expert près la Cour d'appel de Rennes

M. CASTEL, Président de la CPMS de Paris

M. BONDUELLE, magistrat instructeur, représentant du **Syndicat de la magistrature**

Mme DESBRUYERES, représentante du **Syndicat national de l'ensemble des personnels de l'administration pénitentiaire**

M. ZAGURY, expert psychiatre

M. MILLET, psychiatre à la CPMS de Rennes, expert près la Cour d'appel de Rennes

M. COUTANCEAU, expert-psychiatre

M. ROUSSEAU, avocat pénaliste, représentant du **Syndicat des avocats de France**

Mme PICHON, juge d'application des peines au Tribunal de grande instance de Nantes

Section 1. Le postulat de la faillibilité de l'expertise

L'expertise dans la phase post-sententielle a-t-elle seulement pour but de poser un diagnostic ou peut-elle servir à prédire un comportement ? Peut-on réellement demander à des spécialistes de prédire la rechute d'une pathologie multifactorielle ?

M. PARANTHOINE : Non ! Ça non ! Par contre, il peut être intéressant de voir comment une personne se repositionne, si elle a pu faire un travail dans le cadre de l'incarcération et si elle accède ou non à un regard critique réel. On en arrive à reprendre les critères quasi religieux : regrets, remords, compassion. Quand un auteur arrive à avoir de la compassion pour ses victimes, on peut se dire qu'il y a un bon bout de chemin qui a été parcouru. Il s'agit bien plus d'analyser comment la personne a évolué par rapport à ce qu'elle a fait. Pour nous, c'est le vrai critère. [...] Quand sera appliquée la rétention de sûreté à vie, moi je démissionne immédiatement. Je démissionne immédiatement ! Dès que c'est applicable, je m'en vais. Je refuse de cautionner ça ! Je refuse !

L'expertise est-elle infaillible et quel degré d'incertitude peut-on admettre ?

M. PARANTHOINE : Bien sur que non ! Je trouve cela tellement fragile que moi, quand je fais une expertise, je consigne ce qui m'est dit dans mon rapport. Voilà ce que l'on m'a dit, voilà ce que j'en pense, pour que quelqu'un d'autre puisse éventuellement en penser autre chose. Donc, quand je fais une expertise, c'est en général quatre heures de face-à-face. C'est un minimum, ça peut être beaucoup plus ; pour 172,80 euros en honoraires.

La psychiatrie est-elle capable de prédire un comportement transgressif par essence multifactoriel ? N'y a-t-il pas un risque d'erreur de pronostic ?

M. ZAGURY : Toujours ! Prenons l'exemple de la dangerosité psychiatrique. Il y a une personne qui vient d'être hospitalisée dans mon service. Il avait des couteaux sous son oreiller, il a parlé à un copain et a dit qu'il allait tuer des Blancs au nom d'Allah etc. Donc on l'a fait hospitaliser d'office. Mais je ne peux pas garantir qu'il allait tuer ! Le risque était légitimé par la clinique, par notre connaissance des menaces délirantes. C'est un risque que l'on ne pouvait pas prendre évidemment et l'hospitalisation était pour nous, psychiatres, légitimée par sa symptomatologie. Donc on était tout à fait en droit de dire : on le fait hospitaliser car il a des troubles psychiatriques authentiques, on ne peut pas le laisser comme cela. Mais pour autant, quelle est la probabilité d'un acte grave ? Aurait-il tué à coup sûr ? Bien sûr que non ! Eh bien, c'est exactement la même logique pour tous les autres. Le psychiatre repère un sujet qui peut passer à l'acte, pas qui va passer à l'acte ; qui peut récidiver, mais pas qui va récidiver. [...]

On est de toute façon dans une logique pronostique, statistique et probabiliste. C'est tout ! De toute façon, aucun psychiatre ne peut jamais dire : ce sujet, compte tenu de sa symptomatologie, va tuer. Il va dire : j'ai repéré telle symptomatologie psychiatrique. Celle-ci peut conduire à des faits graves et il convient de le soigner. Mais cela ne veut pas dire que si on ne fait rien, il va tuer. Personne ne peut le dire.

✸✸✸

M. CASTEL : C'est un pari sur l'avenir avec une marge d'incertitude. Ce n'est pas une science exacte ! Par conséquent, on n'est jamais sûr à 100 %, ni qu'il risque de récidiver, ni au contraire qu'il n'y ait aucun risque de récidive. [...] C'est une appréciation globale qui est formulée, on prend en compte divers paramètres. Pourquoi est-il en prison ? Quelle a été l'évolution de son comportement en prison ? Y a-t-il eu ou pas des incidents, et de quelle nature ? Est-ce que ce sont des incidents violents ? Est-ce que c'est quelqu'un de totalement réfractaire à l'autorité ? S'est-il totalement intégré à la prison ? Celui qui pose des problèmes en prison, qui cherche à s'évader, qui se montre violent, qui refuse l'autorité... ce sont des éléments à prendre en compte. Il y a un faisceau d'éléments que l'on essaye de combiner et on conclut : il y a un risque qui apparaît sérieux ou il semble qu'il n'y ait aucun risque, ou qu'il y ait peu de risques. Il y a forcément une marge d'erreur. [...] C'est vrai que l'expertise a beaucoup d'importance, mais la commission examine tous les éléments du dossier. [...] On pondère, on essaye de voir si des éléments vont plutôt dans un sens ou dans un autre, et à partir de cela, on émet un avis.

***

M. BONDUELLE : À vrai dire, je le dis tout de suite, un des principaux problèmes du texte c'est que la décision des juges va être totalement liée par les experts. [...] Donc, ce que l'on craint nous, pour le dire très clairement, c'est que des gens soient retenus puisque c'est le terme, c'est-à-dire privés de liberté, sur ce fondement-là, qui est très flou, très vague, sur une espèce de prédictivité, un pronostic. Encore une fois, il y a un courant minoritaire incarné par Roland Coutanceau en France qui dit que l'on peut faire du pronostic. Mais la plupart des psychiatres diront : on fait du diagnostic, on ne fait pas du pronostic. Et un diagnostic ça permet de dire éventuellement qu'il y a un risque de réitération, mais ça ne permet en aucun cas de dire que quelqu'un est intrinsèquement dangereux ou que l'on puisse quantifier la probabilité de sa récidive. Là, on est au cœur du problème.

Le texte prévoit d'ailleurs une probabilité *très élevée* de récidive. On peut se demander la différence qu'il y a avec une probabilité *élevée* de récidive.

M. BONDUELLE : C'est ça ! Comment on quantifie cela ? Est-ce qu'il va y avoir des seuils, des grilles d'alerte ? C'est un peu ce que dit Roland Coutanceau : on est plus ou moins dangereux. Personne n'est au clair là-dessus. Donc moi, pas plus qu'un autre, je pourrais vous dire ce qu'est la dangerosité. Moi, je n'en sais rien. En fait, un des critères retenus par ce courant minoritaire, c'est le fait d'avoir déjà commis des infractions. Mais on sait tous, pour le coup, que l'on peut avoir commis des infractions et ne pas en recommettre. On peut même avoir récidivé et ne plus récidiver. Donc, en réalité, il y a une complexité de la question de la récidive. Déjà, il faudrait regarder, toutes les études le montrent, infractions par infractions ou types d'infractions par types d'infractions, par exemple que la récidive en matière de biens est nettement plus importante que certaines formes d'atteintes aux personnes dont on parle beaucoup, notamment les infractions sexuelles où, en réalité, la récidive est très basse. Le taux de récidive, selon les données communément admises, scientifiquement mesurées avec les statistiques, démontre que les délinquants sexuels récidivent en réalité peu ; et les grands criminels de sang ou de sexe visés par ce texte, récidivent en réalité très peu. Je crois que c'est entre 1 et 4 %, selon le type d'infractions. Donc, pour nous, il y a un vrai problème parce que si vous partez du principe que le risque de récidive pour un assassin est de 1 %, il est à craindre que pour 100 personnes retenues, il n'y en ait qu'une qui, en réalité, aurait récidivé ; et donc on en retient 99 autres en rétention, on prive de liberté 99 autres.

D'ailleurs, s'agissant de la personne qui est retenue, il n'y a pas de preuve qu'elle serait passée à l'acte puisque, par définition, elle est retenue. Donc, on ne pourra pas prouver que la personne n'aurait rien fait.

M. BONDUELLE : On ne le saura pas ! C'est pour ça que c'est un texte, pour nous, extrêmement grave. [...] Pour nous, la rétention de sûreté c'est probablement, ces dernières années, le pire texte que l'on ait eu à combattre. Le pire !

Nous avons entendu à plusieurs reprises, lors des entretiens, l'expression de « victimes potentielles ». Qu'en pensez-vous ?

Mme DESBRUYERES : Oui, voilà, c'est victimes potentielles ou auteurs potentiels. Est-ce que l'on n'est pas tous auteurs potentiels ? Le fait d'avoir déjà commis un acte fait que, statistiquement, il y a plus de risques de commettre une infraction que quand on n'en a jamais commis. Mais prédire que quelqu'un va de nouveau commettre une infraction, c'est totalement impossible. Donc cela veut dire que ce jugement-là, il est basé sur une analyse qui comporte en soi un risque d'erreur. [...] Ce qui fonde le système judiciaire, c'est que cette limitation de liberté extrême est encadrée. Alors que là, on voit très bien l'histoire de la personne. On se dit : Houla ! Il est dangereux, on va lui mettre un PSEM, et il sort avec un PSEM ; et parce qu'il a un PSEM on va le cataloguer comme dangereux. C'est le serpent qui se mord la queue, il n'y a pas de fin.

Section 2. Une tendance constatée à la surestimation des risques

Vous nous expliquiez auparavant, avoir une position conservatrice au sein de la commission. Qu'entendez-vous par là ?

M. MILLET : Je suis conservateur au sens où je ne suis d'abord pas à ma place. Je suis médecin psychiatre, et mon travail c'est de soigner les gens. C'est une place inhabituelle que de demander au médecin de juger de la dangerosité des gens. Je suis médecin. Je suis là d'abord pour diagnostiquer les gens dans le cadre d'un colloque singulier où ce que je dois préserver c'est le secret médical. Là, on me demande de juger de la dangerosité de quelqu'un. Mais pour moi, ces gens-là sont dangereux. Un type qui a commis un meurtre, il n'est pas dangereux pour vous ? On peut avoir commis un meurtre et ne pas présenter de dangerosité ?

Bien sûr, cela dépend. 15 ans plus tard, la personne a pu évoluer. Il y a d'ailleurs très peu de récidive de crimes de sang, et de meurtres notamment. Pour la récidive de violences sexuelles, c'est très peu aussi.

M. MILLET : Ah bon ? D'abord les violences sexuelles c'est 90 %. Ensuite, pourquoi n'y a-t-il pas de récidive de crimes de sang ? Parce que les personnes sont en prison depuis très longtemps. Mais sinon, dans les actes violents, le taux de récidive est énorme ! Dans la personnalité pathologique, globalement, ce que voient beaucoup les prisons et les hôpitaux psychiatriques, ce sont les personnalités psychopathiques. Les personnes qui ne respectent pas les règles sociales : intolérance à la frustration, consommateurs de toxiques, non respect des règles sociales, qui oscillent entre des moments dépressifs et des moments d'excitation, extrêmement violents, bagarreurs... Ces gens-là passent leur temps à récidiver. Ne me dites pas qu'ils ne récidivent pas ! On vient de citer les pédophiles qui récidivent beaucoup. Il faudrait avoir les chiffres...

C'est de l'ordre de 2 à 3 % ; en matière de crimes sexuels en tout cas, de viols.

M. MILLET : Mais vous plaisantez ? Donnez-moi les chiffres ! Ce sont les chiffres du Ministère de la justice. On ne vous parle pas des délits, simplement des crimes sexuels, des viols, qui ne dépassent pas 3 %. Et pour les crimes de sang aussi c'est très peu, vers 1 %.

M. MILLET : Ça me paraît ridicule. Mais c'est parce que les gens sont en prison.

Il y a des études concernant des cohortes de condamnés à la sortie de prison...

M. MILLET : Mais donnez-moi ces études ! Attendez, cela soulève un autre problème. Vous voyez ma méconnaissance de ces aspects-là. Moi ce que je crois profondément, pour ce qui concerne les crimes sexuels et notamment ceux commis vis-à-vis des enfants, je pense que la récidive est la règle. Cela souligne quelque chose. Après il faut voir ce que l'on entend par abus sexuel, mais les abus sexuels graves, moi je trouve que vous citez des chiffres qui sont extrêmement faibles, donc j'ai beaucoup de mal à vous croire.

Vous estimez donc avoir une position plus conservatrice concernant ces dispositifs-là, à savoir préconiser souvent le PSEM et accorder peu de libérations conditionnelles ?

M. MILLET : Oui. Enfin, s'agissant des libérations conditionnelles, je comprends très bien que l'on veuille libérer les gens. Je pense globalement que quelqu'un qui met un PSEM, cela ne peut pas lui faire de mal, parce qu'effectivement dans mon esprit, le risque de récidive est toujours très important. Alors après, il faudrait voir les cas. Je vous répète que l'on n'a pas eu les petits délinquants sexuels de famille, ceux-là on ne les a pas vus. Ce ne sont pas des enfants de cœur, ce ne sont pas des gens qui ont commis des actes pédophiles ou incestueux à l'intérieur de la famille. C'est sur cette population-là que j'aimerais bien que nous confrontions nos chiffres en termes de récidive, parce que je peux vous dire que ceux que j'ai vu, pour moi ils me semblent à haut risque de récidive, pour la grande majorité d'entre eux. [...]

Mais dans cette logique-là on part du postulat qu'il y a toujours un risque. Il y a une certaine suspicion qui va amener à toujours prolonger les mesures de surveillance. Quand vont arriver les premiers cas de surveillance de sûreté et de rétention de sûreté devant la commission, l'idée que la peine se termine à la sortie de prison sera dépassée.

M. MILLET : Oui effectivement. Si notre avis doit se porter sur des choses comme la rétention de sûreté à vie, effectivement cela devient assez inquiétant. [...]

Vous venez de dire que la personne était dangereuse de par l'acte qu'elle avait commis. Or, la condamnation a pris en compte cette dangerosité, la personne est condamnée pour l'acte qu'elle a commis et doit donc subir une peine.

M. MILLET : Oui, mais nous évaluons la dangerosité. Il y a une peine, on paie pour ce que l'on a commis, ça c'est la justice. La commission se prononce quant à elle sur le risque de récidive. Ce sont deux choses complètement différentes. Je vous dis ce que je pense moi, par exemple parmi les malades psychiatriques. Je sais que les plus dangereux sont ceux qui ont déjà commis un acte dangereux.

Dans ce cas, vous enfermez ces personnes dans un statut de personne dangereuse.

M. MILLET : Je vais y faire beaucoup plus attention, et je vais les maintenir beaucoup plus longtemps. Je sais aussi que la consommation de toxiques est un risque de dangerosité potentielle. La consommation de cannabis est un facteur supplémentaire de dangerosité. [...]

Ne constatez-vous pas une tendance à la surestimation du risque ?

M. MILLET : Lorsque le risque est aussi important, il y a une tendance à la surestimation du risque du passage à l'acte grave. Je fais attention à ce que les personnes que j'ai en charge ne soient pas potentiellement dangereuses pour autrui, oui. Parce que c'est un peu notre responsabilité, à nous, psychiatres. Je comprends bien ce que vous ressentez, et je ne suis pas loin de penser la même chose, mais je pense que dans ma situation, je suis un peu obligé d'être conservateur. [...] On me demande de juger de la dangerosité. Moi, avec tout ce que je fais et tout ce que je vois, je sais que le risque de récidive est important. Mais peut-être que je me trompe, peut-être que je ne connais pas suffisamment les chiffres du Ministère de la justice, ça c'est vrai.

Ne peut-on pas craindre des experts, dans le climat actuel, une tendance à la surestimation des risques ? Cela pose question dès lors que les outils que vous développez permettent une privation de liberté plus ou moins forte.

M. COUTANCEAU : Cela correspond à une étude qualitative. C'est une étude faite aux États-Unis. On a demandé à des gens du champ santé et psychologie d'évaluer leur idée du risque potentiel. Mais ce n'était que des cliniciens. Ils ont tous surévalué le risque. Pourquoi ? Quand vous discutez avec quelqu'un qui est immature et égocentré, qui peut-être ne va pas récidiver, il n'a pas tout compris son acte. Donc en tant que médecin, vous restez inquiet. Par contre, en tant que criminologue, j'ai appris qu'il y a des gens intimidables au sens criminologique. Au fond, ils n'ont pas tout compris. Cette épée de Damoclès sociale fait action sur eux. La peine entraîne une intimidation chez beaucoup d'êtres humains, sauf une minorité de sujets qui vont être des récidivistes potentiels. Donc la surestimation du risque, elle est le fait de cliniciens et non de statisticiens.

Section 3. Exemple d'expertise de la dangerosité d'un détenu

M. ROUSSEAU : C'est une personne qui avait été condamnée à 20 ans de réclusion criminelle sur 20 ans encourus avec une période de sûreté des deux tiers. Voilà comment les questions ont été posées à l'expert : L'intéressé a-t-il pris conscience de la gravité des faits et a-t-il évolué favorablement depuis son incarcération ? A-t-il des capacités à communiquer sur les faits ? Quel est l'impact des faits et de la condamnation sur les relations intrafamiliales de l'intéressé, sur l'environnement social de l'intéressé ? Quelle place accorde-t-il à la victime ? Est-il conscient des effets de ses actes sur la victime ? A-t-il accédé ou peut-il accéder à un sentiment de culpabilité ?

Deuxièmement, existe-t-il un risque de récidive ou de commission d'une nouvelle infraction ? Troisièmement, présente-t-il une dangerosité ? Dans l'affirmative, bien vouloir l'évaluer. Quatrième question, indiquer si l'intéressé est susceptible de faire l'objet d'un traitement et la nature du traitement adapté. Cinquièmement, indiquer si un placement sous surveillance électronique mobile est préconisé. Quels avantages ou inconvénients l'intéressé y voit-il ? Apparaît-il capable de supporter ce dispositif dans la durée ?

Là, on est sur une expertise qui a été ordonnée par le juge d'application des peines après que celui-ci ait été saisi par le Procureur de la République pour un placement sous surveillance judiciaire. Réponse de l'expert : L'intéressé a pris conscience de la gravité des faits essentiellement par la réprobation qu'ils ont suscité. Il a évolué favorablement depuis son incarcération mais les experts ne peuvent pas assurer qu'il ne présente plus aucune dangerosité. Deuxièmement, les experts ne peuvent pas assurer qu'il n'existe aucun risque de récidive ou de commission d'une nouvelle infraction, une telle certitude n'est jamais possible. [...] Troisièmement, la dangerosité de M. X ne serait que de l'ordre sexuel.

Donc l'évaluation est limitée, elle est même qualifiée. [...] Vous avez un bon exemple des exigences que pose la loi en termes d'évaluation parce que l'on n'a pas d'évaluation scientifique. Je n'aurais pas la prétention de vouloir convaincre des juges sur la notion « avérée » / « pas avérée », en vous disant : voilà l'expert ne répond pas, donc s'il ne répond pas c'est que ce n'est pas avéré. Je peux le dire, mais je ne serais sans doute pas entendu.

***

Mme PICHON : J'ai été étonnée parce que j'ai fait pour la première fois un examen de dangerosité et je m'aperçois que le psychiatre et le psychologue sont extrêmement en retrait dans leurs conclusions. Très neutres les formulations, très, très neutres. Ça m'a beaucoup surprise sur ce dossier-là qui est un dossier très particulier, où toutes les expertises que l'on a, révèlent des choses très fortes sur la personnalité. C'est même quelqu'un qui est passé au CNO. Et puis un examen de dangerosité qui vient complètement casser tout ça. D'une neutralité surréaliste ! Alors heureusement que l'on a le reste et que je vais pouvoir me baser plus sur les autres expertises que sur l'examen de dangerosité. Par exemple, il y a une phrase surréaliste d'un expert qui dit : « Sa dangerosité n'est que d'ordre sexuel ! » Ça veut dire quoi ? Ça veut dire que ce n'est pas une dangerosité psychiatrique. Pour eux, c'est difficile aussi de se positionner, ils n'ont pas demandé non plus à récupérer cette casquette, d'être celui qui va porter ou non le flambeau de la dangerosité de l'individu. Il aurait fallu que ça soit un élément parmi d'autres. C'est pour ça que moi, je motive par rapport à des faits, par rapport à un parcours en détention, par rapport à une évolution ou non de la personnalité. Je ne vais pas dire : voilà l'expert dit que... et voilà c'est tout, on s'arrête là. Non ! Je considère que je dois argumenter sur d'autres sujets, même si la loi n'est pas rédigée ainsi.

Pour aller plus loin...

ARCHER E., «Expertise psychiatrique de prélibération», *Annales Médico Psychologiques*, n° 164, 2006, p.859.

GAUTRON V., «De la société de surveillance à la rétention de sûreté. Étapes, faux-semblants, impasses et fuites en avant», *AJ Pénal*, 2009, p.53.

LANDRY M., *L'état dangereux : un jugement déguisé en diagnostic*, L'Harmattan, 2002.

SENON J.-L. et MANZANERA C., «L'expertise psychiatrique pénale : les données d'un débat», *AJ Pénal*, 2006, p.66.

Chapitre 5. Le développement d'une gestion différentielle des profils de risque

> *« Alors, il ne faut pas dire qu'une heure d'un homme vaut une heure d'un autre homme, mais plutôt qu'un homme d'une heure vaut un autre homme d'une heure. Le temps est tout, l'homme n'est plus rien ; il est tout au plus la carcasse du temps »*
>
> Karl MARX
> *Extrait de la Misère de la philosophie*

À n'étudier que la dangerosité, nous risquerions de passer à côté d'une évolution sémantique et conceptuelle lourde de sens, en termes d'orientation des politiques pénales. C'est une véritable mutation de la dangerosité à laquelle nous assistons, sous couvert d'une influence néolibérale anglo-saxonne. La dangerosité, notion floue et rarement définie, a plus que jamais besoin d'être rationalisée. Nous allons donc assister à une mutation de la stratégie préventive, qui s'opère par le passage du traitement de la dangerosité à la gestion des risques ; par la dissolution de la singularité du sujet dangereux dans les figures plurielles du risque. L'évaluation individualisante du sujet laisse place à l'appréciation objective de *facteurs* de risque. Robert Castel définira le risque comme ne résultant « pas de la présence d'un danger précis, porté par une personne ou un groupe d'individus, mais de la mise en relation de données générales impersonnelles ou facteurs qui rendent plus ou moins probable l'avènement de comportements indésirables »[42]. L'actuarialisme, qui n'est autre que le calcul assurantiel des risques, s'inscrit pleinement dans cette optique.

La dangerosité devient ainsi mesurable, quantifiable et l'on voit apparaître des groupes de population à risque comme les récidivistes, les pédophiles, les agresseurs sexuels, les terroristes etc., tout ceci dans une logique du « prototype »[43]. Il est ainsi aisé de scinder les détenus en deux groupes : ceux considérés comme dangereux, et ceux présentant un niveau de dangerosité moindre, en tout cas tolérable pour le corps social.

La prévention devient quant à elle managériale, tendant à la surveillance et l'anticipation d'actes socialement nuisibles. L'exigence de rentabilité conduit à reconsidérer la prison comme un enjeu économique. L'institution carcérale ne doit désormais s'attacher qu'à la mise à l'écart des individus dangereux et se délester des détenus à faible risque. Le juge devient alors un véritable « *risk manager* »[44] en proie à une exigence de résultat.

Les CPMS vont dès lors cristalliser ce changement de paradigme puisqu'elles ont pour objectif d'apprécier non plus tant la dangerosité effective d'un individu mais bien les probabilités de risque de récidive de la personne qui sortira de prison. L'objet de la CPMS est donc bien plus un calcul plus ou moins informel, d'une potentialité de récidive, et ce calcul est en général détaché de la personne, comme en atteste l'utilisation de la visioconférence ou, pire, l'étude de la dangerosité sur dossier.

Cette rationalisation économique de l'octroi des aménagements de peine existe déjà à travers l'exemple du système néo-réhabilitatif canadien. Si la finalité est identique, à savoir ne faire sortir que les détenus les moins dangereux, le Canada a, en revanche, pris une longueur d'avance en développant l'utilisation des échelles actuarielles. Les détenus font ainsi l'objet d'un traitement différencié. À la gestion par la réhabilitation des détenus faisant partie de la branche « *soft* », s'oppose la gestion des risques pour les détenus

---

[42] CASTEL R., *La gestion des risques. De l'anti-psychiatrie à l'après-psychanalyse*, Les éditions de minuit, 1981, p.145.

[43] Expression empruntée à Yves Cartuyvels.

[44] GARAPON A., « Un nouveau modèle de justice : efficacité, acteur stratégique, sécurité », *Esprit*, Novembre 2008, p.109.

appartenant à la branche « *hard* », autrement dit, ceux présentant le plus haut risque de réitération.

Ainsi, « la mise en liberté sous condition n'est plus cette étape naturelle et logique dans le processus de réhabilitation mais bien le privilège des infracteurs à faible risque »[45]. Les mesures de sûreté prennent le pas sur les aménagements de peine, jugés trop risqués. Le mouvement constaté d'effondrement des libérations conditionnelles n'en sera que renforcé et inversement proportionnel à la stigmatisation des individus dangereux. Ne faut-il pas craindre ainsi, un repli sécuritaire de la commission dès lors que le représentant du Préfet et le représentant d'une association d'aide aux victimes, sous la pression médiatique, opteront en faveur de la protection des victimes potentielles, puisque telle est leur fonction ? Quel positionnement pourra raisonnablement adopter la commission face aux cas lourds, éligibles aux derniers dispositifs de sûreté ? Il conviendra néanmoins de relativiser ces craintes par les pratiques actuelles raisonnées et raisonnables.

C'est tout l'enjeu actuel que de transformer le cercle vicieux du risque en cercle vertueux de la réhabilitation ; autrement dit, de sortir de l'ombre la face cachée du risque, non pas celle qui voit en tout condamné la possibilité d'une réitération, mais celle qui croit en la capacité de changement de l'homme. Au risque négatif de réitération, doit être associé le risque positif de réintégration. La polysémie de la notion de risque est assurément un champ d'investigation délaissé à l'heure actuelle, car polarisé systématiquement par l'obsession de la récidive.

---

[45] ROBERT D., « Transformations récentes de la législation fédérale sur la mise en liberté sous condition au Canada. Une lecture à la lumière des écrits sur la notion de risque », *Criminologie*, Volume 34, n°1, 2001, p.94.

Dans ce chapitre (par ordre d'intervention) :

Mme PICHON, juge d'application des peines au Tribunal de grande instance de Nantes

M. PAGE, Directeur du centre pénitentiaire de Nantes

Mme BIANCHI, avocate pénaliste

M. BIDET, représentant de l'administration pénitentiaire à la CPMS de Rennes

M. BLOAS, représentant du Préfet à la CPMS de Rennes

M. CASTEL, Président de la CPMS de Paris

M. BEUZIT, Président de la CPMS de Rennes

Mme DELHAYE, juge d'application des peines au Tribunal de grande instance d'Argentan

Mme HERIN, juge d'application des peines au Tribunal de grande instance de Caen

M. PINEAU, avocat à la CPMS de Rennes

M. RAIMBOURG, Député de Loire-Atlantique

M. PANNETIER, Président de la Cour d'assises de Loire-Atlantique

M. COUTANCEAU, expert psychiatre

Le développement d'une gestion différentielle des profils de risque 101

Section 1. Le risque d'un repositionnement sécuritaire de la commission

Que pensez-vous de la présence, au sein de la commission, d'un représentant du Préfet et d'une association d'aide aux victimes ? L'origine professionnelle des différents membres ne va-t-elle pas conditionner leur appréciation de la dangerosité ?

Mme PICHON : Moi je ne considérerais pas que c'est un organe répressif ou sécuritaire. Je crois qu'au contraire, c'est intéressant, parce que vous dites qu'il y a une variété dans la composition. Donc l'idée, c'était d'avoir une représentation sociale d'horizons divers, portant un regard peut-être extérieur à l'institution judiciaire qui est au quotidien auprès des établissements pénitentiaires et des détenus, et d'avoir ce regard neuf. Je pense que c'est quand même intéressant et ça part de l'idée que l'on est quand même dans un domaine qui est très attentatoire aux libertés. Donc finalement, à mon sens, cela a été conçu comme une garantie supplémentaire, comme un filtre.

M. PAGE : Pour avoir eu l'occasion de m'entretenir avec plusieurs personnes qui siègent dans ces commissions, à force de voir des dossiers avec des faits particulièrement graves, vous finissez par refabriquer votre échelle ! Quand vous prenez ces individus susceptibles de relever de ces mesures de sûreté à l'extérieur, que vous les prenez par rapport, je dirais, à la population globale incarcérée, effectivement, ces personnes-là s'inscrivent dans le haut de votre échelle. Mais une fois que vous les avez sorties de la masse globale des personnes incarcérées, à l'intérieur de ces dossiers-là, vous allez retrouver à nouveau une échelle, et quelqu'un qui, par rapport à l'ensemble de la population paraissait extrêmement dangereux, au regard de la gravité des faits commis ou des profils psychiatriques dégagés par d'autres individus, finalement, va apparaître plus que d'autres ou moins que d'autres. À vouloir toujours cibler une population de représentation générale de la population carcérale, il y a le risque soit d'aller dans la logique consistant à dire que tout le monde est dangereux et donc on enferme tout le monde, et c'est pour cela que ce débat se rapproche très vite de la nouvelle échelle des peines par rapport à la peine de mort ; soit à l'inverse, par le fait de ne pas stigmatiser la globalité de la population, de laisser partir en libération quelqu'un qui représentera peut-être plus de dangerosité que celui qui aura été stigmatisé dans cet ensemble. Il faut bien voir derrière cette logique-là, la volonté à la fois de tout contrôler, tout maîtriser, de parvenir au risque zéro de la récidive. [...] Encore une fois, du coup, on finit par nier à certains individus auteurs de faits particulièrement graves, la capacité de pouvoir évoluer en détention et donc, à un moment donné, de pouvoir rompre avec un passé de délinquant.

Percevez-vous ce risque finalement, qu'en l'absence de connaissances scientifiques sur ces sujets, on assiste à un repli sécuritaire de la commission qui préfèrera ne pas prendre de risque et ainsi prononcer un avis de dangerosité ?

Mme BIANCHI : Bien évidemment ! C'est de toute façon le risque absolu dans la mesure où on a un représentant de victimes, un représentant du Préfet ; donc à la fois des représentants de gens qui ont souffert et des représentants de l'Etat, garants de la sécurité publique. Il y a nécessairement un repli sécuritaire puisque le principe de précaution voudra que, dans le doute, il ne faudra pas s'abstenir, il faudra prononcer un avis de dangerosité. C'est une évidence !

Cette relativité du fonctionnement (on a vu en effet que la commission était favorable dans 50 % des cas) ne s'explique-t-elle pas par le fait que la commission n'est pas actuellement saisie des mesures de surveillance et de rétention de sûreté, pour lesquelles les enjeux seront différents ?

Mme PICHON : Je pense que si elle continue sur sa lancée, elle continuera à faire un filtre. Je pense qu'elle a vraiment été conçue comme cela. Ça serait dommage, cela serait un échec si la commission validait tous les dossiers, parce que ça voudrait dire qu'elle ne sert à rien.

Ne peut-on pas craindre que, de par la présence du représentant du Préfet et d'une association d'aide aux victimes, les aménagements de peine régressent alors que les mesures de sûreté soient plus systématiquement prononcées ?

M. BIDET : Oui, mais à partir du moment où leur avis ne sera pas prépondérant par rapport aux autres membres... C'est important aussi que le Préfet, et il a tout son rôle dans ce positionnement, émette son avis, mais il ne faut pas que son avis soit prépondérant sur celui des autres. Je crois qu'il est important qu'il apporte l'éclairage du représentant de l'Etat chargé de la sécurité publique et de la protection des citoyens. Mais son avis ne prévaut pas sur celui d'un expert ou du représentant de l'administration pénitentiaire. [...]

On pense notamment à des dossiers rares, comme des pervers par exemple. On a l'impression que les paroles de ces membres-là, auront, *a priori*, un certain poids. Ceci dit, vous n'êtes pas encore vraiment confrontés à ces cas-là.

M. BIDET : Pas encore, mais on peut se projeter dans l'avenir. Je pense qu'il y aura des débats sans doute un peu «*hard*» au niveau de la commission. Souvent cela porte sur des cas assez médiatisés, et on peut penser que le Préfet prendra une position très carrée et opposée à tout aménagement de peine, encore que ce n'est pas si simple car pour la rétention de sûreté ou la surveillance de sûreté, tout le monde mesure quand même le caractère extrêmement contraignant de ces dispositions. [...] Il n'est peut-être pas impossible dans certaines situations, sur les huit commissions pluridisciplinaires, que les représentants de l'Etat aient des avis relativement équilibrés. Je pense que le Préfet a toute sa place. Je n'envisagerais pas qu'il n'y soit pas.

Actuellement, il ne s'agit plus de favoriser le retour de l'individu dans la société par des mesures d'aménagement de peine, mais bien plus, dans un cas, d'établir une surveillance de la société, donc une réintégration très contrôlée, avec un PSEM qui peut être à vie ; dans l'autre, la rétention de sûreté, qui peut être comprise comme une forme de neutralisation. L'avis n'aura pas, semble-t-il, la même coloration.

M. BLOAS : Il emportera des conséquences beaucoup plus lourdes. Cela m'intrigue car on confie un rôle de plus en plus important à cette commission ; petit à petit les compétences de la commission sont étendues. Alors jusqu'où ? Et puis, est-ce que l'on n'est pas en train de prendre la place d'une quelconque structure, d'autres juridictions ? Est-ce que l'on n'est pas aussi en train de diluer les responsabilités des uns et des autres en créant un échelon d'avis, sur lequel ceux qui auront la charge de décider pourront toujours se reposer ? Je ne sais pas. Cela m'intrigue un petit peu. Quant à savoir si l'attitude des membres de la commission évoluera en fonction de cette nouvelle matière qu'elle aura à gérer, il faudra que l'on fasse notre jurisprudence, car c'est assez récent. C'est une perspective nouvelle de mettre les gens, pour plusieurs années parfois, dans une structure psychiatrique ou pseudo médicale. C'est une nouvelle condamnation !

Ne pensez-vous pas que la composition, à dominante administrative de la commission, penchera plus en faveur de la protection de la société ?

M. CASTEL : Pas nécessairement. Ce serait inexact d'affirmer que le représentant de l'administration pénitentiaire ou le représentant du Préfet sont enclins à rejeter systématiquement les demandes. Ce n'est pas vrai. C'est du cas par cas, il n'y a pas d'*a priori*.

Donc ils n'ont pas de rôles stéréotypés ?

M. CASTEL : Non. Dans la commission de Paris en tout cas, non. Le plus réticent est peut-être le représentant d'association de victimes.

Les positions sont-elles assez marquées pour le représentant d'une association d'aide aux victimes ?

M. CASTEL : Oui, sans doute mais il faut quand même nuancer. [...] C'est une voix parmi d'autres. Les associations d'aide aux victimes ont leur vision des choses, à partir des cas concrets qu'elles connaissent.

C'est surtout le fait que le représentant fasse partie de la commission pour donner un avis sur la récidive virtuelle contre des victimes potentielles qui questionne.

M. CASTEL : Chacun expose, compte tenu de sa compétence et de son expérience, les raisons pour lesquelles il pense qu'il y a un risque ou pas. C'est vrai que l'on voit parfois des sensibilités différentes. Mais ce n'est pas inutile qu'un représentant d'une association de victimes fasse part de son approche.

M. BLOAS : C'est un peu l'otage, c'est le défenseur des victimes potentielles futures. Si un jour, des victimes se manifestent parce qu'une décision aura engendré un préjudice à suivre, quel aura été l'avis de ce monsieur qui, par anticipation, les représentait ?

M. BEUZIT : C'est une recherche d'équilibre, vu dans l'abstrait. Lorsque l'on prend des décisions, quelque part, ça regarde les représentants des victimes. C'est vrai qu'il n'y a pas d'associations de réinsertion, alors qu'à la CHAP, je siège avec deux assesseurs qui sont l'un, victime, l'autre, réinsertion ; et ils s'arrangent très bien entre eux.

En parlant de victimes potentielles, vous avez en charge la sécurité publique. Vous vous situez donc bien dans une démarche d'anticipation et de précaution ?

M. BLOAS : Oui. Le représentant des victimes aussi sera de cette tendance. Les psychiatres et les psychologues sont certainement plus ouverts à des facteurs intrinsèques à l'individu et ne s'attachent qu'à cela. Le risque, ils peuvent bien sûr le mettre en exergue, mais ils essaient, malgré tout, de voir ce qu'il y a de bon et de prometteur dans l'individu. Personnellement, je fais un peu abstraction de ça, simplement parce que je vois plutôt le côté sombre de l'intéressé plutôt que les deux côtés à fois.

Section 2. La substitution progressive des mesures de sûreté aux aménagements de peine

Diriez-vous que nous privilégions actuellement plutôt les aménagements de peine ou les mesures de sûreté ?

Mme DELHAYE : Nous sommes dans les mesures de sûreté, très clairement. [...] La mesure de libération conditionnelle avec un PSEM est un peu contradictoire finalement, parce que l'on est sur un volet réinsertion, donc quelqu'un qui présente des gages de réadaptation sociale ; mais en même temps, il reste dangereux donc on le place sous surveillance électronique mobile. C'est quand même un peu contradictoire ! [...] Ce que l'on fait en réalité avec les libérations conditionnelles PSEM, il ne faut pas être hypocrite, ce sont en général des gens condamnés à moins de dix ans, donc entre sept et dix. On sait que l'on ne pourra pas les mettre en surveillance judiciaire parce qu'il n'y a pas dix ans de réclusion criminelle, sauf que l'on a quand même beaucoup de doutes sur leur sortie et que l'on préfère accompagner celle-ci dans le cadre d'une libération conditionnelle avec PSEM. J'ai quand même un peu l'impression que l'on utilise, dans ces cas-là, la libération conditionnelle comme une sorte de surveillance judiciaire bis, dans les cas où on ne peut pas prononcer de surveillance judiciaire. [...]

Donc cela veut dire que l'on est déjà dans l'optique qu'ils vont terminer leur peine et qu'après, il y aura une mesure de sûreté.

Mme DELHAYE : Oui, clairement !

L'aménagement de peine deviendrait-il, pour les cas graves, l'exception ?

Mme DELHAYE : Ah ! Oui ! [...] L'objectif de la saisine de la commission c'était aussi pour diminuer les aménagements de peine des condamnés à perpétuité.

***

Mme PICHON : Il est évident que sur certains profils, on se disait avant : celui-là, je vais lui accorder une libération conditionnelle parce qu'il m'inquiète. Je préfère qu'il sorte un peu plus tôt, qu'il soit suivi, plutôt qu'il ne soit pas suivi du tout. Et cette logique-là, elle existe beaucoup moins, parce que maintenant, on se dit plutôt : non, on peut la rejeter, il sera en surveillance judiciaire. Donc ça a un effet un peu paradoxal. [...] Et puis, la grande différence c'est que si vous accordez une libération conditionnelle et qu'il se passe quelque chose, on viendra vous chercher ! Tandis que dans le cadre du suivi socio-judiciaire ou de la surveillance judiciaire, on considérera que vous avez fait ce qu'il fallait. Quand, concrètement, vous avez un Président qui dit : lorsqu'un libéré conditionnel récidive, c'est la faute des magistrats qui l'ont mis dehors, ils ont commis une faute ! On n'est pas masochiste ! Si les dossiers sont trop mauvais, c'est non ! Et on vous récupérera dans le cadre d'une autre mesure. C'est un des effets pervers de tous ces systèmes de parachutes que l'on créé au fur et à mesure des situations des condamnés.

Percevez-vous ce continuum de contrôle et de surveillance pendant et au-delà de la peine ?

M. PINEAU : Oui, bien sûr ! L'idée que tout serait contrôlable, que tout serait maîtrisable et que l'on pourrait agir sur tout, c'est quand même la pierre angulaire du positionnement du Président de la République. C'est de l'interventionnisme, de l'agitation permanente. L'enjeu n'est pas le résultat de la décision prise et son efficacité, c'est de justifier que l'on a agi. Donc oui, surveillance, contrôle. Parce que de quoi parle-t-on ? On parle des gens qui ont manifesté une dangerosité tellement grande, que pour un certain nombre d'entre eux, ils sont condamnés à des peines extrêmement longues, qui peuvent se terminer uniquement par leur décès en prison, voire par des peines perpétuelles. Il y a quand même un grand nombre de personnes qui ne connaîtront jamais de la rétention de sûreté parce qu'en réalité, la peine est dite perpétuelle parce que la dangerosité manifestée était telle, qu'ils ne seront pas en mesure d'être présentés au bénéfice d'une mesure d'aménagement de peine. Donc en réalité, les plus dangereux sont en prison aujourd'hui. [...]

Est-ce que, du fait du risque de récidive, on ne va pas se détourner des mesures qui font courir un risque, telle la libération conditionnelle ou même le PSEM ? Ces mesures-là permettent de prévenir la récidive, mais constituent également une prise de risque.

M. BEUZIT : Oui, il y a une prise de risque. [...] On pourrait très bien décider que ces personnes purgent leur peine jusqu'au bout. Oui mais, quand la peine est exécutée intégralement, le risque peut être encore plus grand que si vous avez agi en amont et que vous avez prévenu ce risque par des dispositifs. JAP c'est un métier à risque oui, mais c'est un métier légal et il ne faut pas avoir peur de l'exercer. Je pense qu'il ne faut pas penser : il y a PSEM donc il y a risque de récidive donc attention. Non, non. Cela reprend la contribution essentielle du Conseil constitutionnel qui a posé un principe de progressivité. Ça c'est très important.

Plutôt que de créer la rétention de sûreté, ne valait-il pas mieux rester sur la base d'une réclusion criminelle à perpétuité, avec des libérations conditionnelles encadrées ?

M. RAIMBOURG : On a deux hypothèses. Soit cela ne sert à rien, et on ne met personne en rétention de sûreté. Soit, au contraire, cela marche et on a un certain nombre de personnes que l'on place en rétention de sûreté. Et là, toute la question est : comment va-t-on les faire sortir ? Qui va prendre la décision, une fois qu'ils auront été déclarés dangereux, de les faire sortir ? On se met dans une situation, en les classifiant comme particulièrement dangereux, de ne pas pouvoir prendre une quelconque mesure d'aménagement à leur encontre. [...] On va créer un groupe de gens qui ne seront jamais libérés ! [...] Parce que l'on va les étiqueter dangereux, et on va les rendre encore plus dangereux. Quelle issue vont-ils avoir ?

M. PANNETIER : On est dans un texte à impact médiatique. J'essaye de voir ça de façon pragmatique. Quand on a affaire à des crimes particulièrement graves, odieux, par des personnalités extrêmement inquiétantes, la répression est féroce. Les jurés prononcent des sanctions extrêmement lourdes. Après, tout cela peut se gérer avec la libération conditionnelle. Avec une réclusion criminelle à perpétuité, rien n'oblige à prononcer une libération conditionnelle au bout de vingt ans. Si, lors de l'examen du dossier de la personne en commission pour une libération conditionnelle, on constate qu'elle est potentiellement dangereuse de par ses troubles psychiatriques, on peut très bien dire : on ne la sort pas. Pour moi, ça va compliquer encore les choses. Cela rajoute dans le délibéré qui commence à être extrêmement complexe, encore quelque chose de supplémentaire qui risque, à la fin, de faire une sorte de bouillie infâme. [...] L'objectif premier d'une cour, d'un jury, c'est d'établir une culpabilité, de fixer la sanction que l'on applique si on répond oui aux questions sur la culpabilité, et c'est parfois très compliqué. Alors, s'il faut rajouter le suivi socio-judiciaire, le problème de la rétention de sûreté... Pour les jurés, cela va devenir quelque chose de très compliqué à gérer.

Section 3. Le développement d'un régime différentiel de libération des détenus

Ne risque-t-on pas, par le jeu de la gestion des risques, d'accorder moins d'aménagements de peine aux détenus les plus dangereux, alors même que ceux-là nécessiteraient une attention plus particulière ?

Mme HERIN : Ça c'est sûr ! Mais ceux qui sont sous surveillance judiciaire, par définition, ils n'ont pas d'aménagements de peine. [...]

Mme DELHAYE : Et, finalement, c'est sans doute les plus dangereux que l'on risque de ne pas placer sous PSEM parce qu'effectivement, ce sont les plus désinsérés, ceux qui n'ont pas voulu être soignés pendant la détention et qui ne veulent absolument pas d'hébergement pour un certain nombre d'entre eux. *A priori*, ce sont ceux-là qui sont sans doute les plus dangereux et qui risquent de sortir sous surveillance judiciaire sans PSEM. [...]

Pour nous, magistrats, cela devient de plus en plus compliqué, parce que l'on est soumis à plein d'influences contradictoires auxquelles nous devons répondre. À la fois, on nous demande de vider les établissements pénitentiaires, mais les vider de gens qui ne recommenceront pas ; comme si on avait une boule de cristal sur notre bureau en disant : celui-là, il va recommencer donc je le laisse ; celui-là, il ne va pas recommencer donc je le fais sortir.

***

M. COUTANCEAU : En France, il y a eu quelque chose de passionnel parce que le débat sur la dangerosité criminologique s'est posé à un moment où, parallèlement, le législateur était tenté de mettre en place une rétention de sûreté. Cela veut dire qu'en admettant que l'on puisse évaluer la dangerosité, cela va se traduire par : certains sortent et certains ne sortent pas. Donc pour moi, il faut découpler l'évaluation de la dangerosité criminologique de la rétention de l'homme après son temps de peine. Si l'on peut évaluer la dangerosité criminologique, ce que je propose ce sont des groupes : risque fort, risque moyen, risque faible. Ma proposition qui est pragmatique et qui peut être acceptée par ceux qui défendent les droits de l'homme, c'est de dire qu'en fonction du degré de dangerosité, on va simplement muscler la contrainte que l'on impose à l'homme, mais ils sortent tous en libération conditionnelle. C'est ce que j'observe dans tous les pays du monde. Tous les délinquants sexuels qui ne tuent pas, ont des peines à temps. Donc cela veut dire que quel que soit le quantum de la peine, ils sortent. Maintenant, j'en viens au cœur de la question que vous posez : qu'est-ce que cela veut dire et peut-on le faire ? Cela consisterait à évaluer comme un pourcentage ou comme un risque, la propension qu'a un être humain à récidiver. Si on le dit de façon familière, c'est prédire l'avenir. Vous voyez que d'emblée, il n'y a pas de prévention de l'avenir. Donc au niveau intellectuel et scientifique, cela sera au mieux un concept probabiliste. D'ailleurs, les gens comme moi qui ne sont pas effrayés par le concept probabiliste, citent la logique des assurances. Cela relève donc de l'ordre de la probabilité, ce n'est pas une certitude. Ensuite, on pourrait avoir un second présupposé d'ordre éthique. C'est-à-dire, cela n'est-il pas stigmatisant d'étiqueter quelqu'un comme sujet dangereux ? Oui, bien sûr, on peut considérer que c'est mettre une étiquette, mais justement, la manière dont je veux utiliser l'évaluation de la dangerosité c'est sans stigmatiser l'homme. Ma thèse est donc simplement de muscler les contraintes en milieu libre. Cela me semble potentiellement acceptable.

Je connais quatre outils de prévention de la récidive. Le suivi psychologique qui se fait en groupe, le traitement anti-androgène, le contrôle social car dans certains pays on envoie un policier en civil au domicile du délinquant, et quatrième outil, le bracelet électronique. [...] 80 % des délinquants sexuels ne récidivent jamais. Les chiffres statistiques de la récidive des pays anglo-saxons sont un peu plus élevés que les français. Comment peut-on utiliser, sans stigmatiser l'homme, ces éléments de réflexion ? Si 80 % des délinquants sexuels ne récidivent pas, il est tentant, même si c'est difficile, d'essayer, tout en étant prudent car ce n'est pas absolu, de flécher, de décoder ceux qui pourraient être à risque. [...] Si l'on saupoudre un petit suivi sur 100 % des délinquants sexuels qui viennent, vous aurez la chanson française : les politiques font des lois, les moyens ne suivent pas. Je pense qu'il est intelligent criminologiquement d'oser prendre des risques pour flécher, sans la stigmatiser, une population à risque et, là, être plus vigilant qu'avec les autres. Au fond, tout le monde dit : j'ai trop de dossiers. Donc comment utiliser au mieux les moyens ? On utilise au mieux les moyens si on ose dire : celui-là, je ne mettrais peut-être pas ma main à couper, mais je vais le suivre « cool » ; celui-là, je vais le suivre de façon un peu plus structurée ; celui-là, je vais veiller au grain de manière extrêmement précise. Donc je reviens à mes outils : suivi psychologique obligatoire (c'est le suivi socio-judiciaire), le traitement anti-androgène, le suivi policier et le bracelet électronique qui a défrayé la chronique de façon passionnelle il y a 2 ou 3 ans. Je laisse sortir l'homme de toute façon, mais je vais utiliser tous mes outils quand je suis inquiet.

Je pense qu'il y a des évaluations plus pertinentes que d'autres. Par exemple, la plupart des pères incestueux ne récidivent pas et s'ils récidivent, c'est dans le cadre de la famille, donc c'est assez facile de prévenir la récidive d'un père incestueux. On ne va donc pas perdre trop de temps avec les pères incestueux, sauf pour une minorité. Ma thèse est la suivante : on utilise une évaluation qualitative des psychiatres et psychologues qu'est l'expertise et des échelles statistiques, je pense qu'elles sont pertinentes. Je n'en déduis pas plus que ce qu'elles me disent. La séquestration par exemple, n'est pas banale. Séquestrer, c'est avoir une stratégie organisationnelle de préparation méthodique de l'acte. Tous les gens vous diront que c'est inquiétant. Cela ne veut pas dire que tous ces gens vont récidiver. Cela veut dire qu'on ne peut pas banaliser le fait qu'il a séquestré. Le mode opératoire est inquiétant et les statistiques nous montrent que parmi ceux qui ont séquestré la première fois, il y a plus de récidive que ceux qui n'ont pas séquestré. Je n'en tire pas une étiquette sur l'homme et je n'ai pas peur de parler les yeux dans les yeux à quelqu'un. Je lui dis : Monsieur vous ne récidiverez peut-être pas, simplement, mauvaise pioche, vous avez des signes statistiques contre vous. Donc on va faire un peu plus attention avec vous, mais vous allez sortir ; simplement on va vous placer sous bracelet électronique. J'ai interviewé des détenus : à 98 %, tous préfèrent être dehors avec un bracelet que dedans. À partir du moment où l'outil ce n'est pas : vous sortez ou vous ne sortez pas si vous êtes dangereux, mais que l'on va vous donner des contraintes plus ou moins importantes, je pense que même les défenseurs des droits de l'homme peuvent accepter ça. Ce n'est pas la mort de sortir avec un bracelet électronique.

Un jour on m'a dit : vous ne trouvez pas docteur, que c'est stigmatisant d'avoir un bracelet ? J'ai sorti mon portable : tous les gens aujourd'hui sont sous bracelet électronique même s'ils ne le savent pas. Ces bracelets électroniques vont se miniaturiser, donc ce n'est pas terrible comme contrainte. Donc j'estime que l'outil d'évaluation de la dangerosité, si on ne le lie pas à l'enfermement, est un outil qui est acceptable. Cela ne me choque pas que l'on muscle le dispositif en fonction du risque, et j'essaye de définir trois catégories : risque fort, risque moyen et risque faible. Je ne parle même pas de pourcentage parce que cela fait un peu scientifique et la personne a l'impression que c'est un chiffre absolu. [...] Tout pronostic probabiliste, soyons honnêtes, est potentiellement persécutif. Potentiellement. Mais agresser sexuellement, ce n'est pas banal non plus. Ici, vous avez une peine à temps, et vous sortez. Simplement, vous allez avoir une petite pichenette de contraintes en plus.

Sauf que la loi du 25 février 2008 instituant la surveillance de sûreté prévoit la possibilité d'un placement sous bracelet électronique à vie associé éventuellement à une assignation à domicile à vie. De même, la surveillance de sûreté peut être suivie d'une mesure de rétention de sûreté.

M. COUTANCEAU : Vous êtes intéressés par la rétention de sûreté, mais moi je vous donne mon analyse. En voulant être trop maximaliste pour contrôler le monde, on en arrive à des débats entre laxistes et volontaristes. Il faut quand même arriver sur Terre et améliorer l'échiquier. Je vous montre quand même que le bracelet électronique, ça a été la passion, jusqu'à ce que la rétention de sûreté l'ait remplacé comme le chiffon rouge. Des personnes comme Robert Badinter sont ouvertes au principe du bracelet électronique. Il faut bien se dire que l'idée que les gens se font d'un outil évolue avec le temps. Bien sûr la rétention de sûreté est une mesure extrême. Je pense que c'était une erreur d'avoir voulu coupler le concept de dangerosité criminologique uniquement à la question de la rétention de sûreté. [...] Le vrai problème des démocraties, c'est de faire du boulot pendant le temps de peine. [...]

Les évaluations cliniques faillibles méritent en effet des éléments statistiques qui rationalisent cette évaluation. Sauf que, ce que l'on remarque aujourd'hui, et bien que la gestion différentielle des condamnés ne soit pas critiquée en tant que

telle, c'est que ces mesures s'imposent après la peine qui perd toute son utilité.

M. COUTANCEAU : Cela peut être une libération conditionnelle. Moi, en tant que criminologue, je ne m'intéresse pas aux peines à vie. Ce que je veux, c'est utiliser des outils efficaces pendant le temps de peine. [...] À titre personnel, je ne suis pas du tout intéressé par des peines après la peine.

Pourtant, et même avant la loi du 25 février 2008, s'instaure toute une logique de surveillance et de contrôle, plus que de réinsertion, qui se met en place après la peine.

M. COUTANCEAU : Pour moi, la pratique met en échec les théories fumeuses. Les hommes politiques se font plaisir avec des outils qui finalement sont peu utilisés. [...] J'ai vu beaucoup de criminels et dans 80 % des cas, la réinsertion à un sens. Ils sont humanisables. Puis, il y a des gens vis-à-vis desquels il faut être lucide. Je trouve que ce sont des individus peu humains, mais je ne les stigmatise pas. Donc, pour une minorité d'individus, qu'on les suive de très près c'est être lucide. Ce n'est pas la peine de mort, ils ne sont pas en prison. Le problème, c'est de savoir à qui on applique cela. Il y a des gens, et c'est ma conviction de criminologue, qui, s'ils ne sont pas suivis à vie avec une épée de Damoclès, jusqu'à ce qu'ils auront assez vieilli, je pense qu'il y a un risque. Un bracelet électronique, si c'est miniaturisé, ce n'est pas si bête... La personne a fait quelque chose d'atroce, il sort. Dans des pays plus cruels, on lui aurait coupé la tête ou il serait resté en prison. Il faut aussi voir qu'il y a peu d'individus qui sont extrêmement inquiétants. C'est pour cela que je préfère découpler les mesures extrêmes de la dangerosité. [...] Je professionnalise le débat sur le risque. Mais le principe de quelqu'un qui a un bracelet électronique longtemps, cela ne me choque pas.

Ce n'est pas tant le fait qu'il y ait un contrôle après la peine qui pose problème, parce qu'effectivement certaines personnes ont besoin, après la peine, d'un accompagnement. En revanche, ce qui pose problème avec ces mesures de surveillance, c'est le moment où l'on décide d'arrêter cette surveillance et donc toute possibilité de suivi. À partir de quand les magistrats prendront-ils le risque de mettre fin à ces mesures ?

M. COUTANCEAU : Je vous ai donné un corpus théorique avec les chiffres statistiques et l'évaluation qualitative. Alors après, si les gens n'ont pas de courage... S'ils ont le courage de protester contre la loi, mais qu'ils n'ont pas le courage d'assumer les choses... [...] Vous, vous êtes très attachés au concept juridique de peine. Moi, je raisonne en criminologue, c'est-à-dire : est-ce que ce sujet a besoin de mesures et de contraintes pour ne pas recommencer ? Mais dans son propre intérêt. Il y a 90 % des récidivistes que j'ai vu au CNO qui m'ont dit : finalement, j'avais l'illusion que la deuxième fois j'étais plus malin, et que je ne me ferai pas prendre. Et ils me disent : j'ai gâché ma vie. Et 10 % qui m'ont dit : si je sors je ferai ce que j'ai envie. Cela veut dire qu'accompagner quelqu'un avec une mesure de contrainte, c'est le sauver d'une nouvelle peine. Il faut voir le côté humaniste de la contrainte, en l'utilisant de façon intelligente et mesurée.

Pour aller plus loin...

CASTEL R., *La gestion des risques. De l'antipsychiatrie à l'après-psychanalyse*, Les éditions de minuit, 1981.

CASTEL R., «De la dangerosité au risque», *Actes de la recherche en sciences sociales*, n° 47-48, 1983, p.120.

CLIQUENNOIS G., «Vers une gestion des risques légitimante dans les prisons françaises ?», *Déviance et Société* 2006, Volume 30, n°3, p. 355.

DELANNOY-BRABANT L., «Quelles évolutions des politiques de traitement du crime à l'ère de la « nouvelle pénologie? Une perspective internationale», La note de veille, Centre d'analyse stratégique, n°106, Juillet 2008, www. Strategie.gouv.fr/IMG/pdf/noteveille106.pdf.

MARY P., «Pénalité et gestion des risques : vers une justice «actuarielle» en Europe?», *Déviance et société*, Volume 25, n°1, 2001, p.33.

ROBERT D., «Transformations récentes de la législation fédérale sur la mise en liberté sous condition au Canada. Une lecture à la lumière des écrits sur la notion de risque», *Criminologie*, volume 34, n° 1, 2001, p.77.

Chapitre 6. La rétention de sûreté, d'une justice de responsabilité vers une justice de sûreté ?

«Si tu es prêt à sacrifier un peu de liberté pour te sentir en sécurité, tu ne mérites ni l'une ni l'autre».

Thomas JEFFERSON

«Parce que tout être humain est réputé doué de raison, il est déclaré responsable de ses actes»[46]. C'est du moins le cas dans le modèle pénal traditionnel. La rétention de sûreté se détache de la notion de faute pour apprécier la dangerosité d'un individu, bouleversant ainsi les principes fondamentaux du droit pénal. La responsabilité de l'auteur est éclipsée, par la prise en compte de sa dangerosité. Selon la logique du droit pénal, un individu contrevenant à la loi pénale sera sanctionné par elle. C'est la faute commise qui rend légitime la sanction. La logique de la rétention de sûreté est toute différente puisque ce n'est plus la notion de faute mais celle de risque qui légitime l'enfermement.

L'État tient son droit de punir d'un contrat : selon la théorie de Hobbes, l'intérêt commande que chacun abandonne ses droits naturels et les transfère à une personne souveraine, qui les exercera en lieu et place de tous[47]. Ce droit de punir doit être limité sans quoi, de par le risque de graves abus qu'il contient, « il est menacé d'atteindre à

---

[46] BADINTER R., La prison après la peine, *Le Monde*, 27 Novembre 2008.
[47] LÉVY T., Y a-t-il encore une place pour la responsabilité pénale ?, *Pouvoirs* 2009/1, n° 128, p.43.

tout instant la limite au-delà de laquelle il s'autodétruit »[48]. Aucune action ou omission qui ne figurerait pas dans le code pénal ne peut être punissable. L'homme est donc réputé avoir agi librement et en connaissance de cause. C'est la liberté individuelle qui fonde la responsabilité pénale, l'homme étant considéré comme libre de ses choix. La rétention de sûreté ne s'inscrit pas dans ce modèle faute/responsabilité/peine, mais dans la logique risque/mesure de défense sociale. « Le paradigme de la guerre conduit à l'abandon de la vision dogmatique juridico-morale (crime, culpabilité, punition) au profit d'une vision pragmatique associant sûreté de l'État et défense sociale »[49]. C'est le risque de récidive qui légitime les mesures de sûreté, comme la faute rend légitime la peine infligée par l'État.

La conséquence immédiate est l'absence de proportionnalité entre la privation de liberté et l'acte commis. « La sanction de la loi est directement reliée à l'infraction dont elle est comme le « double négatif » »[50], alors que le traitement sécuritaire, justifié non plus par un acte mais par la dangerosité de l'individu, ne sera pas proportionné au fait commis mais à cet état dangereux. Sa durée sera alors fonction de la nécessité de la mesure. La rétention de sûreté opère un passage d'un modèle de punition à celui d'un traitement sécuritaire, impliquant des conséquences spatiales et temporelles différentes : «Le modèle simplifié de la punition selon la loi serait donc de la forme : sujet responsable - temps déterminé - enfermement - punition imposée. Celui du traitement sécuritaire : objet dangereux - durée indéterminée - contraintes spatio-temporelles variables - traitement «thérapeutique» »[51]. La substitution de la notion de risque à la notion de faute, amène des incertitudes quant au terme de la mesure, et quant à la réalité du fait redouté.

Ne se basant pas sur la justification traditionnelle de la faute, la rétention de sûreté annihile toute responsabilisation chez l'individu. Alors même que les aménagements de peine sont basés sur cette idée de responsabilisation, prenant une forme contractuelle dans un but

---

[48] Ibid. p. 44.
[49] DELMAS-MARTY M., Le paradigme de la guerre contre le crime : légitimer l'inhumain ?, *Revue de science criminelle*, 2007, p.461.
[50] RAZAC O., les ambigüités de l'évolution de l'application des peines à l'aune des « nouvelles mesures de sûreté », *AJ Pénal* 2008, p. 397.
[51] Ibid.

de réinsertion, et permettant au condamné de prendre en charge le contrôle de sa peine[52], les mesures de sûreté ne témoignent aucune forme de confiance à la personne. Ainsi, leur potentielle sortie ne dépend-t-elle que de l'évolution de leur état dangereux que voudront bien constater les experts. Dans ce contexte, la mise en place d'un travail social, et les perspectives de réinsertion du détenu paraissent quelque peu mises en difficulté, si ce n'est, compromises.

L'abandon de la notion de responsabilité, par la substitution du risque à la faute, met en lumière une certaine image de l'homme : il ne s'agit plus de l'image d'un homme qui peut s'amender et changer, mais d'un homme enfermé de façon déterministe dans un état dangereux. Ce constat signe la fin du pari dans l'homme. L'éclipse de la responsabilité du condamné occulte en effet toute idée de réadaptation et de réintégration de la société, impliquant dès lors une fonction première d'élimination des mesures de sûreté. Tel était l'objectif que poursuivait, de façon irréversible, la peine de mort. La rétention de sûreté peut être considérée comme une alternative à cette peine abolie, dans sa logique de neutralisation. « L'élimination du condamné permet de détourner radicalement les individus nuisibles pour la société. Première d'entre elles, parce qu'absolue, la peine de mort »[53]. Un enfermement après la peine de prison, justifié par l'état dangereux de la personne permet cette neutralisation recherchée, sans toutefois revêtir un caractère irréversible. Peut-être s'agit-il aussi de trouver une équivalence à l'atteinte portée à la société, en recherchant une solution pour punir aussi durement qu'elle a été atteinte par le crime. Pour Denis Salas, il s'agit de rechercher l'équivalence entre le mal commis et le mal subi : « Le fait que nous n'ayons plus, dans notre loi commune la réponse équivalente à l'existence du mal radical, sachant que la peine est une équivalence entre le mal commis et le mal subi, constitue peut-être la toile de fond qui nous contraint à un combat nouveau »[54]. À l'heure où le pédophile multirécidiviste est la figure du mal ultime, la société recherche une rétribution à hauteur de l'horreur commise. Si la neutralisation est la motivation première de la rétention de sûreté, il

---

[52] Ibid.
[53] Répertoire de droit pénal et de procédure pénale Dalloz, Peine (Nature et prononcé), CÉRÉ J.-P., janvier 2008.
[54] SALAS D., Pourquoi Punir ?, *Journal Français de Psychiatrie*, n°13, p.8.

n'est pas à exclure qu'une volonté de punir soit toujours en trame de fond.

Dans ce chapitre (par ordre d'intervention) :

M. BONDUELLE, magistrat instructeur, représentant du **Syndicat de la magistrature**

M. BLOAS, représentant du Préfet à la CPMS de Rennes

M. BELAN, Substitut général près la Cour d'appel de Rennes

Mme HERIN, juge d'application des peines au Tribunal de grande instance de Caen

Mme DELHAYE, juge d'application des peines au Tribunal de grande instance d'Argentan

Mme BIANCHI, avocate pénaliste

M. ARION, ancien avocat, représentant d'une association d'aide aux victimes à la CPMS de Rennes

M. SENON, professeur psychiatre

M. ROUSSEAU, avocat pénaliste, représentant du **Syndicat des avocats de France**

M. PINEAU, avocat à la CPMS de Rennes

M. RAIMBOURG, Député de Loire-Atlantique

Mme JUSSELME, Directrice adjointe du centre de détention de Nantes

Mme RATEAU, Vice-Procureur au Tribunal de grande instance de Rochefort, représentante du **Syndicat de la magistrature**

M. GUILLAUME, Chef de service au SPIP 44

Mme DESBRUYÈRES, représentante du **Syndicat national de l'ensemble des personnels de l'administration pénitentiaire**

M. PAGE, Directeur du centre pénitentiaire de Nantes

Section 1. Le principe de l'enfermement post-sententiel renouvelable sans limite

Que pensez-vous de cette privation de liberté post-sententielle, fondée uniquement sur l'appréciation d'un état dangereux dont tout le monde reconnaît, notamment le rapport Garraud, qu'on ne sait pas le mesurer ?

M. BONDUELLE : C'est pour cela que c'est le texte le plus grave que l'on ait eu à affronter ces derniers temps, parce que l'on est sur un renversement des principes fondamentaux du droit pénal. Le droit pénal, dans l'acception courante d'une société démocratique, est fondé sur une faute. C'est quand même très important la notion de faute en droit pénal, et la réponse qu'appelle cette faute de la part de la société. Là, on n'a plus de faute. Donc on est dans un dispositif pénal sans faute, parce que même en droit pénal des infractions non intentionnelles il y a une faute. Dans les infractions non intentionnelles, il y a toujours une faute, que ce soit l'imprudence, la négligence ou le manquement délibéré, il y a toujours une faute. Là, il n'y a plus de faute. Donc on est dans quelque chose qui est extra-pénal philosophiquement et pourtant profondément pénal puisque le dispositif qui s'y applique ressemble en tout point à une répression pénale, avec certes, des centres socio-médico-judiciaires qui sont en réalité des prisons. [...] Il y a des détenus qui sont inquiets par cette histoire parce qu'ils ne savent plus maintenant, quand est-ce qu'ils vont sortir. ; alors que toute la logique de ces dernières années en matière d'application des peines c'était justement d'avoir une meilleure visibilité de la peine puisque l'on a une date prévisible de sortie. Donc en termes de sécurité psychologique et donc de sens de la peine, c'est complètement contre-productif. Comment voulez-vous vous impliquer dans un projet d'exécution de peine, quand vous ne savez même pas si vous aller sortir à l'issue de la peine ? [...]

Ensuite, concernant la sûreté, c'est toute la question de la distinction entre mesure de sûreté et peine. Nous, il nous semble, et on l'a démontré par A plus B, qu'en fait c'est une peine. [...] C'est une juridiction initialement qui doit réserver cette possibilité, c'est une juridiction qui prend la décision et enfin elle aboutit à une privation de liberté qui a toutes les caractéristiques de la privation de liberté qui s'appelle l'emprisonnement ou la réclusion. Elle est afflictive et infamante comme on dit ; donc c'est une peine. [...] On se demande maintenant ce qui ne pourra pas être une mesure de sûreté ! À partir du moment où le Conseil constitutionnel a tranché en disant que c'était une mesure de sûreté, tous nos autres arguments tombent, c'est-à-dire que l'argument fondé sur la présomption d'innocence tombe, ainsi que celui fondé sur le principe de nécessité et de proportionnalité.

On a quand même à l'esprit la relégation. N'est-on pas passé comme certains le disent, d'une justice de responsabilité à une justice de sûreté ? Percevez-vous cette mutation du droit pénal ?

M. BLOAS : Cette mutation c'est un retour en arrière. C'est l'idée de préserver la société envers et contre tout, quand bien même il faudrait faire un peu de mal à quelques uns qui s'étaient manifestés quand même en ayant déjà commis des abus, des excès, des crimes. Alors c'est vrai, on ne prenait plus de risque, on défendait avant tout la société. Dire si c'est bien ou mal, je ne sais pas. Si c'est véritablement une tendance, on pourrait le penser. Il faudrait que l'on en dise le nom, il faudrait qu'on l'affiche un peu plus clairement. Tout le monde le perçoit comme ça, mais c'est un peu hypocrite que de ne pas le dire.

Que pensez-vous d'une peine privative de liberté post-sentenielle se fondant sur la dangerosité, concept assez flou ?

M. BELAN : C'est la volonté du législateur de créer cette rétention de sûreté et cette mesure post-sentencielle a été validée par le Conseil constitutionnel sous réserve de non rétroactivité. Les magistrats n'ont pas à donner leur avis sur les décisions prises par le pouvoir législatif, même s'ils ont un avis bien sûr, en tant que citoyen.

C'est une mesure de sûreté avec les garanties d'une peine.

M. BELAN : C'est en effet une mesure de sûreté, mais suffisamment contraignante pour que le Conseil constitutionnel en ait refusé l'application aux crimes en cours, non encore jugés. Je vous ai dit que c'était la volonté du législateur d'instaurer cette rétention de sûreté et de maintenir quelqu'un, après l'exécution d'une décision de justice, dans un centre fermé. Mais, cela a déjà été souligné, ce dispositif ne concernera que très peu de condamnés. Je crois que si la rétention de sûreté était en place aujourd'hui, sur un département comme la Loire-Atlantique avec le centre de détention de Nantes, elle ne concernerait que deux ou trois condamnés. C'est un chiffre très faible. Je pense que le législateur a voulu répondre à l'attente des concitoyens : quand on sait qu'une personne présente un risque très grand de récidive, on a une responsabilité si on la laisse sortir. Je crois que c'est dans ce sens que la loi a été votée.

S'agissant de la rétention de sûreté, que pensez-vous de la privation de liberté post-sententielle qui peut devenir perpétuelle ?

Mme HERIN : Je dirais que sur le principe, effectivement, ça heurte tout ce que l'on a pu connaître en tant que principes généraux du droit. Si je n'étais pas JAP, je pense que je ne serais pas favorable. Je trouve que c'est trop attentatoire aux libertés individuelles. Malheureusement, à voir sortir quand même un certain nombre de détenus, je me dis que, effectivement, il y a des gens qui sortent, qui ont purgé leur peine, qui n'ont rien compris et que l'on ne sait vraiment pas quoi faire d'eux car ils présentent trop de dangerosité pour rester dehors. [...]

Mme DELHAYE : Sur le principe, effectivement, ça heurte tous les principes que l'on a pu acquérir au fur et à mesure ; sauf que je pense qu'il faut être pragmatique et les juges d'application des peines sont pragmatiques, enfin on est obligé de l'être, on ne peut pas rester sur des grands principes et sur la théorie. On est bien obligé de constater qu'il existe un nombre, limité je dis bien, mais un certain nombre quand même de gens pour lesquels on n'a pas de solutions, et vraiment pas de solutions parce qu'ils ne dépendent pas de la psychiatrie. Nous, à la limite, ça nous arrangerait parce qu'effectivement on transmettrait le problème aux psychiatres. On se heurte à une difficulté, c'est de dire que l'on ne peut pas prendre la responsabilité de laisser ces grands criminels en liberté. Dans 40 ans, si Michel Fourniret est encore en vie, et si jamais il était susceptible de ressortir un jour, je vois très mal un magistrat même dans 40 ans, prendre la décision de le laisser dans la nature. C'est pareil pour Marc Dutroux en Belgique. Ça concerne un petit nombre de criminels, de tueurs en série, comme Patrice Allègre, etc. Mais je pense que pour ceux-là, effectivement, on était bien obligé de constater que l'on n'avait pas de solution. Cette loi elle a certainement beaucoup d'imperfections, d'ailleurs je ne mesure pas toutes les conséquences, pour dire franchement les choses, mais je pense quand même que le législateur était bien obligé d'essayer de trouver une solution.

Mme HERIN : Ceci étant, on a quand même assez peu de récidive en matière criminelle, statistiquement. Alors c'est vrai que l'on parle de situations qui font peur à tout le monde, mais c'est quand même marginal. [...] Il y a une espèce de psychose qui ne correspond pas à la réalité. Mais c'est vrai que quand il y a des récidives comme Francis Évrard, un homme qui sort et qui 2 mois après recommence... Il faut que cela soit très ciblé, il ne faut pas que cela conduise à enfermer tout le monde *ad vitam aeternam*, indépendamment de la peine initiale.

Mme DELHAYE : Moi, c'est un peu mon inquiétude. Là, pour l'instant, ça cible quand même un certain nombre d'infractions très limité, d'infractions très graves. Et moi ce qui me fait un peu peur, c'est comme pour le suivi socio-judiciaire, que l'on élargisse au fur et à mesure, que l'on descende sous le seuil de 15 ans, et ça, je pense que c'est une tentation qui risque quand même d'arriver.

S'agissant de la rétention de sûreté, la loi du 25 février 2008 expose le critère suivant : à la fin de sa peine, la personne doit manifester « une particulière dangerosité caractérisée par une probabilité très élevée de récidive, parce qu'elle souffre d'un trouble grave de la personnalité ». Que pensez-vous de cette définition ?

M. BELAN : C'est une définition qui justement est restrictive, pour ne réserver la rétention de sûreté qui a été critiquée par une partie de l'opinion et aussi par des avocats et des magistrats, qu'aux cas les plus graves, pour protéger les citoyens. Par cette définition, le législateur entend justement limiter la rétention de sûreté aux criminels les plus dangereux. Le premier centre de rétention de sûreté a été créé à Fresnes, composé je crois, d'appartements thérapeutiques, où la personne en rétention est gardée 24H sur 24H. Je pense que si le législateur a opté pour la définition que vous venez d'énoncer, c'est pour que la rétention de sûreté reste une mesure exceptionnelle. Les études sur le plan national qui avaient été évoquées au moment du vote du texte faisaient état d'une vingtaine de personnes par an, éligibles à cette rétention de sûreté. Sur plus de 50 000 détenus en France, ça reste quand même très marginal.

Mme BIANCHI : C'est scandaleux ! C'est contraire à tous nos grands principes du droit, qu'ils soient nationaux ou internationaux. C'est la rupture du lien entre l'infraction et la sanction. Parce que l'on me dira ce que l'on voudra, même si le Conseil constitutionnel a considéré que ce n'était pas une peine, il n'en demeure pas moins qu'enfermer quelqu'un dans des conditions carcérales et possiblement *ad vitam aeternam*, constitue en soi, et de fait, une peine. Je crois qu'il faut s'affranchir du nom que le législateur donne, réfléchir de manière un peu plus européenne, et s'attacher uniquement aux effets produits. Les effets produits sont ceux d'une peine. C'est surtout cette rupture totale qui fait que l'on sanctionne quelqu'un non seulement pour quelque chose qu'il n'a pas commis, mais peut-être qu'il n'aura même pas l'idée de commettre.

Il a été avancé d'ailleurs que le principe de précaution, applicable à l'environnement, devrait s'appliquer aux libertés.

Mme BIANCHI : Oui, bien sûr [*rires*]. Ce n'est pas tout à fait la même chose. On est quand même en train de parler d'êtres humains individuels avec leur peine, leur vie, leur souffrance, leur évolution, leur absence d'évolution, leur problématique... On ne peut pas raisonner comme on parlerait de la manière dont on doit caréner un bateau qui transporte du pétrole. Donc, non ! Pour moi, le principe de précaution ne peut pas exister en la matière. C'est nécessairement un examen individuel de la personne qui permet de déterminer si oui ou non, lui et pas la catégorie à laquelle il appartient, est dangereux.

✱✱✱

M. ARION : Moi, je ne suis pas du tout hostile à cette application du système. [...] On va prendre l'exemple d'une personne qui va dans un hôpital quelconque, agresser une infirmière avec une lame de rasoir ou un bistouri et lui trancher la gorge. Cette personne-là va être déclarée irresponsable, et elle n'ira pas aux assises. Mais admettons qu'un brin de responsabilité soit détecté et qu'elle passe aux assises. Elle va présenter une demande de libération conditionnelle en 2020, 2025 ou 2030. Il y aura différentes approches ; l'approche répressive qui consiste à dire : il ne faut pas le laisser sortir, et l'approche moins sécuritaire qui consistera à dire : il a été soigné en prison, il a suivi des traitements, et à l'heure actuelle on peut considérer qu'il est susceptible d'être réintégré dans la société avec un risque potentiel mineur, et par conséquent on peut prendre ce risque-là.

Quelle approche est, selon vous, la plus susceptible de s'appliquer aujourd'hui ?

M. ARION : Tout dépend de la personne qui exprime son opinion sur le problème. Je ne suis pas spécialement pour le répressif à tout va, mais il y a, je vous dis, certaines hypothèses. Ce n'est pas tant pour les déséquilibrés, parce que je pense que je n'ai pas trop les éléments pour avoir une opinion définitive. Par contre, les délinquants sexuels qui sont récidivistes ou multirécidivistes, moi j'aurais plutôt une opinion sécuritaire dans la mesure où je me dis juste que si c'était par un type du même profil que j'avais un de mes enfants agressé, étranglé et violé, j'aurais le réflexe de me dire : après tout, il vaut mieux que cette personne soit dedans que de prendre le risque de la mettre dehors.

Alors qu'elle n'a rien fait ? Juste sur une présomption de dangerosité ?

M. ARION : Non, il s'agit de personnes qui ont été condamnées.

Oui, mais la rétention de sûreté va concerner des personnes qui ont purgé leur peine.

M. ARION : Oui, j'entends bien. Là, la discussion est totalement pervertie. La discussion a pris une très vilaine tournure. Dans le débat de société on a fait un débat politique. [...]

Ne pensez-vous pas que l'arsenal juridique existant était déjà suffisant ?

M. SENON : La crainte de tout le monde c'est le passage à l'acte de quelqu'un qui n'a pas bougé d'un soupçon dans son fonctionnement pendant une longue détention, qui va se retrouver dehors sans rien et dont on peut penser qu'elle va très vite récidiver.

Puisque de toute façon à la sortie, rien de bien ne se passera et que l'on a toutes les chances de penser qu'il y aura une récidive, il faut les empêcher de sortir, c'est déterministe. C'est une évolution de la loi qui est déterministe.

Il n'y a donc plus ce pari sur l'homme dont vous parliez ?

M. SENON : Ah non ! Au contraire, c'est un réalisme de dire dans de rares cas, que la personne va récidiver. On le sait, elle va récidiver. Il faut faire en sorte qu'elle ne récidive pas ; protégeons la société. [...]

Donc il y a des personnes pour lesquelles on ne peut rien faire ?

M. SENON : Pour lesquelles, on est très démunis : grande difficulté du travail socioéducatif et peu d'introspection et de travail personnel pendant la détention.

Donc, question cruciale, que faire ? Est-ce la solution de les neutraliser ?

M. SENON : Nous sommes dans une société qui, actuellement, s'établit sur des préoccupations sécuritaires. Les citoyens de la plupart des pays européens ont peur et les politiques répondent aux peurs au coup par coup au gré de l'écho dans les médias de drames conduisant à un passage à l'acte criminel. Tous les pays européens évoluent sensiblement vers des politiques de précaution et de prévention de risque, aucun risque ne pouvant être pris dans une optique de protection totale du citoyen. La détention à vie est ainsi en place en Suisse et la France n'échappe pas à cette tendance. Dans ce contexte, la psychiatrie est particulièrement sollicitée, notamment pour la durabilité des internements des malades mentaux. Elle a été aussi envisagée, de façon clivée, pour mettre en place une rétention de sûreté que certains de nos parlementaires auraient bien vu installée à l'hôpital psychiatrique, supposant probablement que tout crime fou ne peut être que le crime d'un fou... Fort heureusement, le Parlement a abandonné cette idée en 2ème lecture de la loi rétention de sureté.

C'est un jeu de balancier entre la sécurité et la sûreté. La défense de la société prend le pas sur la défense des libertés individuelles. Il y a encore, là aussi, des possibilités de dérive.

M. BLOAS : Bien sûr, c'est passé. C'est constitutionnel, aussi étonnant que cela peut être pour les personnes qui ont évolué dans des théories juridiques, où la peine fonctionnait et une fois purgée, on était quitte. Nous en étions restés là, enfin moi, pour ma part, et vous aussi, jusqu'à une date très récente, vous avez appris cela. C'est très choquant, très choquant !

On est bien dans un continuum de sécurité, et comme vous défendez plus les intérêts de la société, nous étions intéressés de connaître votre avis.

M. BLOAS : Oui, mais je n'approuve pas pour autant. Personnellement, ça me choque. Je le conçois très mal. Je n'approuve surtout pas, loin de là. Il faut trouver un équilibre entre les mesures de répression et puis les libertés, il faut trouver un équilibre adéquat pour que globalement les atteintes aux personnes et la délinquance n'évoluent pas. Il faut faire peser le balancier suffisamment lorsque l'on perçoit que les choses évoluent mal. Ceci étant, je ne crois pas qu'on en était là. Je crois que l'opinion publique agite largement la classe politique, et il y a un peu de démagogie certainement à la satisfaire.

Pour vous, la balance est déséquilibrée, du moins au niveau des objectifs ?

M. BLOAS : Il faudrait analyser quels seront les résultats de tout cela pour voir si on a fait peser un peu trop fort ou pas. Mais c'est le principe. Il aurait fallu trouver d'autres solutions que celle-là. Il fallait d'autres solutions. Pas celle- là. Rajouter une peine à l'issue de la peine, car c'est malgré tout une peine, maintenir la privation de la liberté c'est une peine, c'est quelque chose d'inadmissible, d'incompréhensible pour quelqu'un qui a étudié le droit, qui a une culture qui n'est pas celle-là, on en revient à la relégation. Peut-être même étaient-ils plus heureux à Cayenne, à cultiver leur champ que dans un hôpital psychiatrique, je n'en sais rien.

✱✱✱

M. ROUSSEAU : En tant qu'avocat et en tant qu'avocat du SAF, je ne peux que maudire la rétention de sûreté. La vie judiciaire est faite de risques. La prétention que l'on veut essayer d'avoir de rendre le risque pénal nul est inatteignable. Alors est-ce que l'on doit déployer des lois pour essayer de l'atteindre sachant que le but est inatteignable ? Je n'en sais rien, mais actuellement, sur des gens qui ont été condamnés à des perpétuités avec des périodes de sûreté où l'on est sur des perpétuités réelles, je ne vois pas ce qu'il y a besoin de plus. Les perpétuités réelles concernent à peu près le nombre de personnes qui sont justiciables de la rétention de sûreté. Je peux vous assurer que la personne qui est condamnée à la perpétuité réelle avec une période de sûreté de 20 ou 22 ans, il faut voir comment on la récupère !

Section 2. Le risque d'élargissement du champ de la rétention de sûreté

N'a-t-on pas créée cette mesure pour répondre à la pression de l'opinion publique ?

M. BELAN : La pression ou l'émotion suscitée... sans aucun doute. Mais l'opinion publique aurait peut-être été émue dans les années 60 si on avait parlé de ces crimes sexuels comme on en parle aujourd'hui. Mais on n'en parlait pas. Quand je suis rentré dans la magistrature au début des années 80, on correctionnalisait des viols simples. Et puis, à juste titre, les femmes victimes se sont émues du traitement de ces affaires et ont refusé la correctionnalisation en exigeant que les auteurs soient jugés par des Cours d'assises car le viol est un crime. Et puis certaines femmes ont aussi exigé la publicité des débats parce qu'elles n'avaient pas honte d'être des victimes. Et maintenant, les crimes sexuels, les abus sur les enfants sont de plus en plus dénoncés et poursuivis, et ces infractions ont pris l'ampleur que l'on sait actuellement : souvent, les affaires de mœurs occupent les trois quarts d'une session d'assises. Je ne suis pas sûr qu'il y en ait plus aujourd'hui qu'hier, mais ces crimes sont beaucoup plus dénoncés et ne sont plus supportés, à juste titre, quand on voit les dégâts que de tels passages à l'acte peuvent faire, sur des enfants notamment. Le législateur a voulu répondre à une attente d'une grande partie de nos concitoyens. Est-ce illégitime ?

Justement, ne doit-on pas craindre que la rétention de sûreté, qui est une mesure exceptionnelle, soit étendue à d'autres incriminations demain, lorsqu'un fait divers qui n'est pas prévu par la loi se produira ?

M. BELAN : Oui, on peut toujours l'imaginer, je ne peux pas répondre à la place du législateur. Mais en l'état actuel des textes, je vous l'ai dit, elle reste très limitée et très encadrée.

Alors que ces mesures ont vocation à rester exceptionnelles, n'y a-t-il pas un risque d'ouverture, avec la rétention de sûreté, mais surtout avec la surveillance de sûreté ?

Mme DELHAYE : Je ne suis pas persuadée qu'en fait le système va être si exceptionnel que cela.

Mme HERIN : Non, je pense qu'il ne sera pas exceptionnel. La surveillance judiciaire était censée quand même être un peu exceptionnelle, en fait on l'a beaucoup étendue parce que la notion de risque avéré de récidive on l'applique quand même de manière assez extensive.

Mme DELHAYE : Oui, c'est le principe de précaution.

Mme HERIN : C'est vrai que ce ne sont pas des conditions très sereines d'exercice de son activité professionnelle.

Mme DELHAYE : C'est un peu le contraire de ce que l'on fait habituellement comme juge de l'application des peines en réalité. L'objectif c'est quand même de favoriser la réinsertion des condamnés. On n'est pas du tout dans cette optique-là !

Mme HERIN : Et c'est vrai que ça fini par créer une certaine morosité dans les établissements pénitentiaires. À Caen, les détenus disent : ce n'est pas possible, on ne va jamais sortir. Je vois des dossiers de perpétuité qui sont sortis en libération conditionnelle il y a 5, 6 ans. Ils n'ont pas une chance maintenant !

✳✳✳

M. PINEAU : Je pense qu'il va y avoir une forme de mécanisation de la rétention de sûreté, comme il y a une mécanisation de la réponse pénale en droit commun. Je veux dire par là que l'on échappe normalement, lorsque l'on commet une première infraction, sous réserve de sa gravité extrême, à un emprisonnement ferme. On peut dans des proportions statistiques moins favorables, échapper une seconde fois à un emprisonnement ferme, sous réserve de la gravité. On n'y échappe pas la troisième ou la quatrième fois, quelles que soient les fumisteries qu'a raconté le législateur lorsqu'il a créé les peines plancher. Donc je pense que celui que l'on évaluera comme potentiellement dangereux, sur une première récidive, échappera peut-être à la rétention de sûreté, et puis il n'y échappera pas une seconde fois. Il peut donc y avoir une forme de mécanisation ou d'automatisation de cette nouvelle mesure au fil du temps.

Section 3. La rétention de sûreté, substitut de la peine de mort ?

N'y a-t-il pas un peu dans la rétention de sûreté cette musique des irrécupérables que l'on retrouvait également dans la peine de mort et les peines perpétuelles ?

Mme HERIN : Sauf que ce ne sont pas les RCP là, c'est 15 ans.

On avait la perpétuité réelle comme substitut, mais finalement ça ne concerne qu'un nombre très restreint de personnes et ça ne suffit pas forcément à l'opinion publique.

Mme DELHAYE : La difficulté qui va exister dans la rétention de sûreté, c'est que normalement on réexamine. Sauf qu'effectivement, il va devenir, à un moment, extrêmement difficile de revenir sur une situation déjà acquise. Je ne sais pas qui pourra dire, après 3 ans, 4 ans de rétention de sûreté : Ah ! Non finalement, il a été touché par la grâce ! [...]

On peut avoir l'illusion, de part la décision du Conseil constitutionnel, que l'application de la rétention de sûreté est différée dans le temps ; Mais à l'heure actuelle, une personne est déjà placée sous surveillance de sûreté, et si elle viole ses obligations, elle risque d'être sanctionnée par un placement en rétention de sûreté.

Mme DELHAYE : En fait, oui c'est vrai que l'on a l'impression que ce sont des gens qui sont condamnés à 15 ans. Mais non, parce qu'effectivement, s'ils violent les obligations de la surveillance de sûreté… […] On a beau me dire que ce n'est pas un établissement pénitentiaire, moi je suis désolée, c'est à Fresnes, et ce n'est pas du Canada dry mais ça y ressemble quand même beaucoup.

Peut-on dégager des points communs entre la réclusion criminelle à perpétuité, la peine de mort et la rétention de sûreté, notamment cette idée de mise à l'écart ?

M. RAIMBOURG : Ce sont des peines de désespoir ! Ce sont des hommes, ou des femmes mais généralement c'est plus rare, au sujet desquels on a perdu tout espoir. On peut retrouver espoir au bout d'un certain nombre d'années de détention, mais ce sont des gens pour lesquels on a perdu tout espoir d'amélioration, ou dont la dangerosité est telle que l'on ne peut pas prendre le risque.

Mme JUSSELME : Moi je trouve même que la rétention de sûreté est pire car, à la limite, la réclusion criminelle à perpétuité fait partie de la peine, donc c'est une Cour d'assises qui la décide sur la base de faits. Tandis qu'ici, c'est la présomption d'une récidive. La personne est condamnée à un moment donné à la réclusion criminelle à perpétuité, elle sait où elle en est, alors que c'est psychologiquement plus dur de se dire : Monsieur, vous êtes condamné à deux ans de rétention de sûreté, et dans deux ans, nous nous reverrons, et nous vous dirons si peut-être vous pouvez sortir. Il ne purge plus rien !

∗∗∗

M. BONDUELLE : En France, on ne peut pas rétablir la peine de mort […]. La philosophie de l'élimination sociale qui était à la base même de la peine de mort, on la retrouve complètement là-dedans. Pour nous, on revient à avant 1981. C'est la même philosophie car dans la peine de mort, il y avait beaucoup cette petite musique des irrécupérables. C'est déterministe au possible ! C'est d'ailleurs marrant ce mélange de déterminisme et de libéralisme car dans l'acception libérale, les gens se déterminent rationnellement, au fond, sur la base d'un calcul coût/avantage. On est quand même dans une société très imprégnée de ce principe-là, à tel point que l'on décrit tout le temps les délinquants et les criminels comme des gens qui ont choisi le mauvais côté presque. On ne veut surtout pas leur trouver des excuses car si on explique, on excuse. C'était la phrase de Nicolas

Sarkozy : « À force d'expliquer l'inexplicable, on va excuser l'inexcusable » ; donc on ne peut même plus expliquer. On est donc dans une logique où les individus sont rationnels et, en même temps, coexiste avec cette philosophie naïve du sujet, une philosophie déterministe dure, très dure. Autant on ne veut pas des déterminants sociaux, autant on est prêts à admettre des déterminants qui, soit ne sont pas nommés ou soit le sont. Dans le discours de Nicolas Sarkozy, ça l'a été ; par exemple, les déterminants génétiques. Sur la rétention de sûreté, on est sur autre chose, on est sur un déterminisme psychologique, c'est-à-dire que les gens seraient déterminés psychologiquement à récidiver du fait de leurs troubles. [...]

Mme RATEAU : Je pense que quand on regarde la genèse de ce texte, le but n'est pas de répondre au vrai problème. On n'a pas tiré les conséquences de l'abolition de la peine de mort. On a aboli la peine de mort et on n'a pas réfléchi aux conséquences. À partir du moment où la peine de réclusion criminelle à perpétuité existe, que nous, on dénonce, on est amené socialement, collectivement à être responsable de gens que l'on va enfermer pendant trente ans. Et personne, personne, pendant 20, 25 ans, ne s'est posé la question de la manière dont on accueille ces gens, dont on les gère en détention et dont on envisage leur réadaptation sociale. Parce qu'en dehors même des gens que l'on nous montre comme étant les plus « pathologiques », l'incarcération fait que l'on perd ses repères sociaux, que l'on a une acuité visuelle qui baisse, on est déstructuré par la détention, déjà qu'en entrant on n'était pas forcément structuré. Mais il y a une pathologie physiologique et psychiatrique née de la détention. C'est un vrai problème !

Ne pensez-vous pas que l'on est dans les mêmes logiques de neutralisation que la condamnation à la perpétuité réelle et à la peine de mort, du fait d'un déterminisme certain, et de l'absence de tout espoir d'amendement de la part du condamné ?

M. GUILLAUME : La différence importante, tout d'abord, c'est que d'un côté, il y a une marque dans le temps : la perpétuité, ce n'est pas infini. Si on n'y prend pas garde, on pense que c'est la même chose. Mais ce n'est pas la même chose ; ce qui est en jeu, c'est la capacité de l'intéressé à se projeter dans le temps. Dans le cas d'une perpétuité, il a une capacité à se projeter dans le temps, c'est qu'il ne sortira pas, c'est-à-dire qu'il construit sa vie avec un postulat de base : je ne sortirai pas. Donc ce que je construis, je le construis pour les conditions de détention en maison centrale et dans les réalités que je connais. Peut-être qu'en cours de route ce sera commué. Et le jour où ce sera commué, on va repartir sur un principe de 20 ans, etc. Je construis ma vie sur quelque chose que je connais. Dans le cas des peines renouvelables, et éventuellement d'année en année, je ne construis pas ma vie ; ma vie elle a un an, ma vie elle est à 12 mois. [...] Ce qui est en train de se passer pour les personnes qui seront placées en surveillance de sûreté ou en rétention de sûreté, c'est de dire : vous avez une espérance de 12 mois, mais construisez votre vie à deux ans ! Donc le distinguo est très important.

Ensuite, concernant la peine de mort. Je crois qu'il ne faut pas aller jusque-là. Là aussi, la peine de mort a un côté extrême, qui est l'impossibilité de revenir en arrière, alors qu'avec une mesure de sûreté, on a toujours la possibilité de revenir, ce que j'appellerais en arrière, c'est-à-dire que ce que l'on a décidé à un moment donné, n'est plus d'actualité. Ça, c'est quand même un élément très important. Quand je dis revenir en arrière, cela correspond aussi au fait que le condamné ne peut pas se projeter dans l'avenir. Toute décision est un retour en arrière sur la décision qui a été prise, et non pas du tout une projection sur l'avenir. Donc, par rapport à la peine de mort, il y a une vraie différence. Par contre, je pense que sur un plan de l'inconscient collectif, on est dans quelque chose qui serait de cet ordre-là, c'est-à-dire de la possible élimination perpétuelle d'un individu. On ne veut pas la peine de mort car elle est abolie, les générations passant n'ayant jamais connu la peine de mort. [...] Et ce n'est même pas la relégation, parce que la relégation cela consistait à dire qu'on déplaçait quelqu'un d'une société vers une autre société. On avait quelqu'un de la société métropolitaine française, que l'on déplaçait dans la société guyanaise, puisque que ce soit en Guyane ou le peu de temps où cela a été en Nouvelle-Calédonie, on voit bien qu'ils intégraient une société, en tant que relégués, et ils avaient interdiction de revenir dans cette société-là. Dans le cas qui nous préoccupe, ils n'intègrent aucune société. Ils sont toujours en exclusion de la société, sans alternative pour intégrer une autre société.

Section 4. La difficile mise en place d'un travail social pour des mesures potentiellement infinies

Comment le personnel pénitentiaire va-t-il pouvoir gérer cette nouvelle situation, sachant que la personne n'aura aucune motivation et aucun espoir de sortie ?

Mme DESBRUYERES : [...] Là, je vous parle de mon expérience personnelle, mais je sais très bien que pour faire travailler quelqu'un sur sa motivation à changer, il faut lui donner une perspective de fin, sinon c'est impossible. On ne peut pas travailler sans espoir. C'est un principe pour moi, qui est un principe d'humanité, mais qui est aussi un principe d'efficacité : si vous dites à quelqu'un : on va essayer de travailler sur ce qui s'est passé, etc., mais je ne peux absolument pas vous dire si vous sortirez dans 10, 15, 20 ou 30 ans, c'est impossible ! Ces mesures sans fin, sont, de mon point de vue, assez inefficaces pour créer des conditions de changement. [...] On priorise, on focalise sur l'après, au lieu de se dire qu'il faudrait mieux mettre plus de moyens sur le pendant ! Si on est obligé de se dire après 15 ans de détention qu'une personne a un potentiel de dangerosité entendue au sens de récidive, il serait peut-être quand même temps que l'on mette les moyens, et que l'on se dise que ces moyens auraient pu être mis au jour où la personne rentre !

L'idée que la peine pourrait ne plus avoir de fin risque de provoquer sur les détenus une remise en cause du travail social. Ainsi, les détenus risquent de se laisser aller et de devenir encore plus dangereux. N'est-ce pas paradoxal par rapport à l'effet recherché ?

M. ROUSSEAU : Cette idée-là, elle existe hélas déjà par la perpétuité. C'est assez curieux, avec la perpétuité on a la crainte que les personnes n'aient rien à perdre et pourtant les gens ont l'illusion de pouvoir sortir un jour – à tord ou à raison – et du coup ils ont un cheminement carcéral qui n'est pas du registre de ceux qui n'ont rien à perdre et qui vont massacrer un surveillant parce que ça de plus ou ça de moins ils n'en ont rien à faire. Donc je suis un peu partagé sur cette idée-là... Ça donne de l'espoir dans l'humain, une capacité d'adaptation qui fait que même si c'est la rétention de sûreté, ce n'est peut-être pas le monde carcéral qu'il a vécu auparavant et que peut-être si la rétention de sûreté se passe bien, elle va s'arrêter.

On constate aujourd'hui l'importance des mesures de sûreté qui viennent allonger le temps de suivi, mais surtout de surveillance des individus dans le post-sententiel. N'est-ce pas devenu difficile de travailler sur le temps de peine tout en sachant que certains détenus, au vu de leur profil, sont éligibles à des mesures de sûreté ?

M. GUILLAUME : Concernant le travail sur le temps de la peine, le point de départ pour nous, notre raison d'exister, c'est justement pour travailler sur le temps de la peine. Deuxième élément, c'est lorsque l'on a une peine, qui au pire n'est pas perpétuelle, mais qui est infinie, ce qui n'est pas du tout la même chose. À partir de ce moment-là, il y a un élément qui est très important à prendre en compte, c'est que le travail sur le temps de la peine est un travail qui inclue obligatoirement le fait de construire sur ce que sera l'après. Sauf que la plupart des gens que l'on a avec nous, ce sont des gens qui ont été dans l'incapacité de construire un après, de concevoir l'après, et qui ont réagi, quelque soit leur capacité intellectuelle, leur parcours, dans l'instant. Ils sont passés à l'acte à un moment donné, dans l'instant, sans se projeter sur les conséquences que cet acte aura dans leur vie future, et c'est pour cela qu'ils se retrouvent dans un prétoire judiciaire. Quand on travaille nous, avec les personnes, on travaille sur le temps de la peine en leur disant : voilà, ce que vous n'avez pas fait, on va vous demander de le faire, c'est-à-dire que vous ne vous êtes pas projeté dans le temps, on va vous demander de vous projeter et de construire ce qui va se passer.

Le gros problème de la peine infinie pour reprendre votre expression, c'est que l'on ne peut plus fonctionner comme ça. On ne peut plus dire à la personne : construisez pour avoir un hébergement, un emploi, dans un an, parce que l'on ne peut pas lui dire que dans un an il va sortir. Peut-être qu'il sort, peut-être qu'il ne sort pas. À partir de ce moment-là, c'est tout le travail que l'on fait avec ces gens-là qui perd sa signification, et comme le travail que l'on fait avec ces gens perd tout son sens, j'ai quand même tendance à penser que le sens de la peine en prend aussi un coup. [...] Là, on est dans une situation très paradoxale, et c'est là que je dis que cette mesure de sûreté, c'est l'enterrement de première classe de la personne condamnée. Je ne sais pas si on protège la société, je n'en suis vraiment pas sûr, mais une chose est sûre : c'est que l'on enterre toute possibilité pour la personne d'être un jour de nouveau un citoyen libre. Cela a obligatoirement des conséquences, car j'ai l'espoir quand même que ce sont des personnes qui, à un moment donné, retourneront dans le circuit.

Le problème c'est dans quel état va-t-on les remettre dans le circuit ? Et indiscutablement, le remède tel qu'il est monté actuellement, me paraît pire que le mal. [...] Ensuite, une fois que l'on aura mis en place la mesure de sûreté, et on le voit pour le PSEM en particulier, qui prendra la responsabilité de mettre fin au PSEM par anticipation ? Personne ! [...] À un moment donné, dès qu'il va sortir, on va inverser le sujet de réflexion ; le sujet de réflexion ce ne sera pas de dire : est-ce qu'il est dangereux et donc faut-il par exemple lui mettre le PSEM, mais ce sera : il a un PSEM, donc il doit être dangereux. Et on inverse la réflexion. Et comme le PSEM est un élément matériel qui est visible et qui ne bouge pas, cela veut dire que, par essence, on rend un concept qui est quand même très flou, on va le rendre visible et inamovible, comme le bracelet que la personne a au pied. Et ça, c'est très important et je crois qu'on le voit beaucoup dans le cadre des PSEM, avec en plus, ce qu'on appelle le mille-feuille des peines, où la personne a le PSEM, le suivi socio-judiciaire et la surveillance judiciaire. À partir d'un certain moment, comme on ne va rien bouger, que va-t-il se passer pour les efforts que l'intéressé va faire ? Il fait des efforts et il voit que rien ne bouge. Comment crédibiliser le discours qui est celui de dire : Monsieur, la société a besoin que vous démontriez vos qualités à vous réinsérer ou à revivre de façon normale hors détention, pour qu'effectivement, on vous laisse vivre normalement et librement, puisqu'il fait ces efforts et qu'il constate qu'il n'y a rien qui bouge ? Donc là aussi, il y a un vrai questionnement, non seulement par rapport à la mesure elle-même : quand est-ce qu'on la lève ? Est-ce qu'on la prolonge ou non ?, mais aussi sur les modalités, pour reprendre l'expression du Conseil constitutionnel, qui a estimé qu'il s'agissait de modalités d'exécution de peine et non pas d'une peine. C'est-à-dire, comment peut-on aussi à un moment donné, modifier les modalités d'exécution de la peine pour passer un message à l'intéressé, lui dire que l'on a compris les efforts qu'il était en train de faire, et que l'on en tenait compte. Ca c'est très important.

La perspective d'une peine infinie, à savoir la rétention de sûreté, ou d'une surveillance infinie, la surveillance de sûreté, ne risque-t-elle pas d'influer sur le travail carcéral, dans le sens où il semble difficile pour les détenus, éligibles à ces mesures, de se projeter dans l'avenir ?

M. PAGE : Ce n'est pas un risque, c'est un fait ! Aujourd'hui, effectivement, le détenu ne voit plus la problématique de soin de la même manière. La relation qu'a le magistrat avec le détenu n'est plus la même, puisqu'elle est immédiatement barrée par l'injonction de soins. La réponse que le détenu va donner, le lien entre le détenu et le médecin psychiatre ou le psychologue est troublé par ces enjeux-là, alors même que déjà avant, ils étaient dans la crainte d'être instrumentalisés. Alors vous imaginez bien aujourd'hui ! Ils n'ont plus la crainte, ils le sont ! Aujourd'hui, celui qui devrait être le plus acteur, c'est-à-dire le détenu, est complètement dépendant de ce que doit assumer le pénitentiaire, le magistrat, le médecin, l'expert. Il est redevenu un objet entre toutes ces personnes-là.

Mme JUSSELME : Pour les longues peines, c'est déjà une très grosse angoisse de sortir. Donc se projeter sur : est-ce que je vais obtenir un aménagement de peine ?, c'est déjà difficile. Maintenant, la question est devenue : est-ce que l'on ne va pas en plus me rajouter des mesures de surveillance ?, ce qui conduit certains, d'après moi, à ne rien demander. Ils se disent : surtout, je ne me manifeste pas ! Parce qu'en fait, le tamis de repérage est essentiellement la commission d'application des peines lors de l'examen des permissions de sortie, et puis le débat contradictoire au TAP, qui sont un moyen bien souvent pour le Procureur au vu des expertises, de se dire que l'expertise est quand même préoccupante, et qu'il faut envisager une demande de surveillance judiciaire. […] Cela conduit certains à penser : surtout je ne demande rien à l'administration, je ne veux pas que l'on me donne de réductions supplémentaires de peine, je ne veux pas de permission de sortie, je ne veux pas d'aménagement de peine, ce qui fait que je rallonge ma peine au maximum de ce que je peux rallonger, mais c'est toujours ça de pris que l'on ne pourra pas me rajouter en mesure de sûreté. Donc une espèce de stratégie qui semble assez malsaine et qui nous conduit à préparer des sorties en urgence, pour des gens qui nous apparaissent finalement assez dangereux et que l'on n'avait pas repérés avant, et pour lesquels on prépare de sorties qui constituent des échecs puisque ces gens-là n'ont pas été préparés. Donc ça, c'est à mon avis le deuxième point.

Le troisième point, c'est de se dire effectivement nous, pénitentiaires, que peut-on faire si on ne se tourne pas vers l'avenir, surtout quand on est en centre de détention ?! Ils arrivent ici pour préparer la sortie, donc si on n'a pas d'objectif à proposer... On ne peut pas dire qu'une surveillance judiciaire soit un objectif ! C'est pourtant malheureusement au tribunal d'application des peines, la mesure la plus souvent examinée, avec le relèvement de la période de sûreté ; ce que je ne considère pas comme des mesures d'aménagement de peine, ni pour l'une, ni pour l'autre.

Pour aller plus loin...

DANET J., La rétention de sûreté au prisme de la politique criminelle, une première approche, *Gazette du Palais*, 4 Mars 2008, n°64, p.10.

GHICA-LEMARCHAND C., La rétention de sûreté (à propos de la décision du Conseil constitutionnel du 21 février 2008), *Revue du droit public*, 2008 (5), p. 1381.

HERZOG-EVANS M., « La loi n° 2008-174 du 25 février 2008 ou la mise à mort des « principes cardinaux » de notre droit », *AJ Pénal*, 2008, p.161.

LEVY T., Y a-t-il encore une place pour la responsabilité pénale ?, *Pouvoirs* 2009/1, n°128, p.43.

Observations du Syndicat de la magistrature sur le projet de loi relatif à la rétention de sûreté et à la déclaration d'irresponsabilité pénale pour cause de trouble mental.

Chapitre 7. L'objectif de soin de la rétention de sûreté, second ou secondaire ?

> *« Après avoir abandonné l'idée que la délinquance puisse être une maladie curable, les politiques y sont revenus presque aussitôt depuis la fin du XXe siècle. « Ils sont fous » est la réaction la plus courante à toutes formes de délinquance violente grave. Elle induit en contrepartie la volonté de soigner. Réforme après réforme, le champ d'application du soin contraint s'accroît sans que pour autant la faisabilité du traitement du crime ait augmenté ».*
>
> Martine HERZOG-EVANS[55]

Parce que jugé trop dangereux pour réintégrer la société, un individu pourra être placé en rétention de sûreté. L'objectif premier de cette mesure est en effet la neutralisation de la personne qui présente toujours une «particulière dangerosité» en fin de peine. La définition de cette dangerosité que donne la loi du 25 février 2008, combine deux éléments : la probabilité très élevée de récidive, qui justifie la mise à l'écart du fait du risque encouru, et les troubles graves de la personnalité[56]. Cette référence aux troubles implique une certaine prise en charge de la personne ; si ces troubles sont à l'origine de la dangerosité, les soigner semble alors être une solution de prévention de la récidive. La personne sera placée dans un centre socio-médico-judiciaire, «dans lequel lui est proposée, de façon permanente, une prise en charge médicale, sociale et psychologique destinée à permettre la fin de cette mesure»[57]. Pour Haritini

---

[55] HERZOG EVANS M., Prévenir la récidive, les limites de la répression pénale, *AJ Pénal* 2007, p.357 et s.

[56] « Une particulière dangerosité caractérisée par une probabilité très élevée de récidive, parce qu'elles souffrent d'un trouble grave de la personnalité ».

[57] Art. 706-53-13 C. pr. pén.

Matsopoulou, «ces derniers termes permettent donc d'affirmer que l'objectif de cette rétention sera d'aider la personne à pouvoir se réinsérer dans la société»[58]. Ainsi, la mise à l'écart de l'individu ne devrait être que temporaire : il s'agirait d'un temps intermédiaire durant lequel la personne ne pourrait pas encore recouvrer sa liberté car encore trop dangereuse pour autrui, et où elle serait placée dans un centre pour y recevoir des soins. Sa dangerosité a donc vocation à disparaître, du moins à diminuer, lui permettant ainsi de réintégrer la société. La rétention de sûreté étant très contraignante puisque privative de liberté, elle doit être justifiée. Si elle l'est dans l'intérêt de la société, puisqu'elle neutralise le risque de récidive, elle pourrait l'être dans l'intérêt du condamné, avec la volonté de le soigner. Le soin du condamné jugé encore dangereux semble donc être l'objectif second de la rétention de sûreté, voire même l'objectif à terme.

Mais il est permis de douter de la réalité de cet objectif ; ne serait-il pas un simple alibi, un objectif plus acceptable que la simple mise à l'écart du condamné dangereux, qui viendrait ainsi légitimer cet objectif principal de neutralisation ? Le soin n'est-il pas seulement un objectif secondaire, voire même un objectif prétexte ? Cet objectif se situe dans la logique de politique criminelle actuelle, qui place le soin au cœur de toute mesure, présentant ainsi la psychiatrie comme solution au crime. Il est fait appel à une science, aux savoirs des experts psychiatres, afin de réduire la complexité du phénomène criminel, phénomène humain, à un simple incident. Présentée ainsi, la psychiatrie semble être la seule réponse opérationnelle pour prévenir la récidive des délinquants sexuels. « Actuellement, toutes les sociétés ont besoin de « psychologiser » le crime, de vivre dans l'illusion que les psys pourront peut-être quelque chose pour limiter le crime »[59]. Ce recours systématique au soin pourrait bien n'être qu'un prétexte pour toujours plus de contrôle et de surveillance. La nécessité politique d'agir après un fait divers tragique tend à instituer une législation de l'apparence, sans qu'aucun suivi des mesures en aval ne soit effectué, et sans même que les moyens nécessaires à la mise en place de ces mesures ne soient alloués. Sans contrôle de leur

---

[58] MATSOPOULOU H., Le développement des mesures de sûreté justifiées par la dangerosité et l'inutile dispositif applicable aux malades mentaux. - Commentaire de la loi n°2008-174 du 25 février 2008 relative à la rétention de sûreté et à la déclaration d'irresponsabilité pénale pour cause de trouble mental, précité.

[59] Propos tenus lors d'un entretien avec M. SENON, psychiatre de Poitiers.

efficacité, ni moyens pour permettre celles-ci, les actions thérapeutiques prévues par le législateur paraissent s'inscrire dans une logique d'instrumentalisation du soin au service d'une politique de surveillance et de contrôle, la mesure ultime étant l'enfermement de la personne alors même sa peine purgée. De plus, il semble que cet objectif de soin puisse rencontrer des difficultés de mise en œuvre, inhérentes à la notion même de troubles de la personnalité, et des soins qui peuvent être administrés. En effet, que recouvre la notion de troubles de la personnalité ? Contrairement aux troubles mentaux au sens strict, il n'existe aucune *guideline* internationale pour définir ce que sont précisément les troubles de la personnalité. Le traitement de ces troubles pose également question, et interroge ainsi sur l'effectivité de l'objectif de soin de la rétention de sûreté.

Enfin, c'est l'effectivité des soins en prison qui va constituer la base des soins de ces criminels jugés dangereux ; le Conseil constitutionnel en a fait une condition à la rétention de sûreté, qui ne pourra être mise en œuvre qu'en cas de proposition de soins effective durant la détention, en estimant « qu'il appartiendra, dès lors, à la juridiction régionale de la rétention de sûreté de vérifier que la personne condamnée a effectivement été mise en mesure de bénéficier, pendant l'exécution de sa peine, de la prise en charge et des soins adaptés au trouble de la personnalité dont elle souffre »[60]. Si le travail en détention ne doit pas se limiter au soin, cette réserve semble toutefois être pertinente. Cependant, sa mise en œuvre risque d'être assez difficilement réalisable, au vu des moyens actuels de la psychiatrie en milieu pénitentiaire.

Ce doute sur le réel investissement que connaitra la recherche de solutions efficaces de soin pour les condamnés dangereux, et sur l'allocation de moyens matériels et financiers, dans le cadre de la rétention de sûreté, corrobore l'idée que ce soin pourrait bien ne constituer qu'un simple alibi à la neutralisation, objectif premier de la rétention de sûreté.

---

[60] Décision du Conseil Constitutionnel n° 2008-562 DC du 21 février 2008 concernant la Loi relative à la rétention de sûreté et à la déclaration d'irresponsabilité pour cause de trouble mental, considérant n°21.

Dans ce chapitre (par ordre d'intervention) :

M. MILLET, psychiatre à la CPMS de Rennes, expert près la Cour d'appel de Rennes

M. SENON, professeur psychiatre

Mme BIANCHI, avocate pénaliste

M. BIDET, représentant de l'administration pénitentiaire à la CPMS de Rennes

M. GUILLAUME, Chef de service au SPIP 44

M. COUTANCEAU, expert-psychiatre

Mme JUSSELME, Directrice adjointe du centre de détention de Nantes

M. PAGE, Directeur du centre pénitentiaire de Nantes

M. BLOAS, représentant du Préfet à la CPMS de Rennes

M. PARANTHOINE, psychologue clinicien à la CPMS de Rennes, expert près la Cour d'appel de Rennes

M. BEUZIT, Président de la CPMS de Rennes

Mme PICHON, juge d'application des peines au Tribunal de grande instance de Nantes

M. RAIMBOURG, Député de Loire-Atlantique

M. BONDUELLE, magistrat instructeur, représentant du **Syndicat de la magistrature**

Mme RATEAU, Vice-Procureur au Tribunal de grande instance de Rochefort, représentante du **Syndicat de la magistrature**

M. ZAGURY, expert psychiatre

Mme DESBRUYÈRES, représentante du **Syndicat national de l'ensemble des personnels de l'administration pénitentiaire**

M. ROUSSEAU, avocat pénaliste, représentant du **Syndicat des avocats de France**

Section 1. Les difficultés préalables évidentes : confusion des notions psychiatriques et recherche de suivi efficace

M. MILLET : Un trouble psychiatrique c'est un trouble qui répond à un processus, c'est-à-dire à un moment déterminé alors que la personne était dans un état dit de normalité, même si la normalité psychologique n'existe pas, en psychiatrie elle existe. À un moment donné la personne va présenter un désamorçage, une espèce de trouble psychiatrique qui entraîne une rupture avec le fonctionnement social. Et cela entraîne une souffrance de la personne, souvent une souffrance des proches, et donc il y a un processus pathologique qui se déclenche. Il y a des critères, des classifications internationales des maladies psychiatriques, qui définissent les différents types de maladies psychiatriques, avec leurs critères diagnostics qui permettent d'orienter le clinicien, le praticien voire le chercheur. Et puis il y a la notion de trouble de la personnalité, qui renvoie à des choses qui sont complètement différentes, qui renvoie à quelque chose qui est constitutionnel de la personne à proprement parler, puisque le trouble de la personnalité est issu bien évidemment du terme de personnalité. Cette notion de personnalité renvoie à des troubles qui sont constitutifs du fonctionnement psychique de l'individu, qui va devenir mûr à partir de la fin de l'adolescence. Et donc ce que l'on définit comme des traits de personnalité, ce sont des traits de la personne, de son fonctionnement psychique, qui sont stables dans le temps, à partir de l'adolescence, jusqu'à la fin de vie de la personne. On voit bien que ce sont deux choses totalement différentes : dans un cas, il y a un processus et une rupture avec le fonctionnement habituel, dans l'autre cas, c'est un fonctionnement et une stabilité de la personne que l'on va évaluer. On va évaluer des traits de personnalité stables dans le temps, qui sont excessifs par rapport à la norme. C'est ce que l'on appelle la personnalité pathologique par rapport à la personnalité normale. Ce n'est pas du tout la même chose de dire que quelqu'un souffre d'une personnalité paranoïaque, en étant suspicieux, peut-être en étant un peu interprétatif de ce que l'on peut dire autour de soi, que de souffrir de délires paranoïaques.

M. SENON : En psychiatrie, on travaille sur la notion de maladie. Les maladies sont déterminées par la classification internationale des maladies mentales de deux classifications : le DSM[61] qui est actuellement dans la quatrième version TR et puis la classification de l'OMS qui est la CIM[62]. Les troubles de la personnalité n'appartiennent pas au champ de la maladie.

Si on prend le principal trouble de la personnalité, décrit par les pays anglo-saxons comme personnalité antisociale, il n'y a pas de recommandations internationales. On fait à New Delhi totalement différemment de ce qu'on fait à New Haven ; c'est totalement différent de ce que l'on fait à Londres ; c'est totalement différent de ce que l'on fait en France. Il n'y a pas de *guideline*. Il n'y a pas de médicament. Il n'y a pas de traitement et il n'y a même pas d'accord sur ce qu'est la psychopathie. [...] La psychopathie est donc un trouble de la personnalité qui impose un accompagnement transversal associant, une fois la loi énoncée par le juge, l'éducateur, le psychologue ou le psychiatre. Il n'y a pas de nécessité d'hospitaliser un psychopathe. La question du type d'institutions pouvant recevoir et contenir des personnes présentant des psychopathies graves reste entière quelque soient les pays. Il n'y a aucun pays par contre qui dise que l'hospitalisation soit une solution. Dans la plupart des pays, on imagine des lieux qui soient intermédiaires entre la prison et l'hôpital. Mais pour la criminologie, deux registres renvoient le plus souvent à des troubles de la personnalité : les états limites à expressions psychopathiques et les agresseurs sexuels. Pour la psychopathie, ou plutôt les troubles limites de la personnalité, il faut renvoyer à l'audition publique de la Haute Autorité de Santé qui démontre l'intérêt d'une approche pluri partenariale.

---

[61] *Diagnostic and Statistical Manual*, à sa quatrième version, publiée par l'association américaine de psychiatrie en 1994.

[62] *Classification Internationale des Maladies*, (appellation complète : Classification statistique internationale des maladies et des problèmes de santé connexes) dixième version, publiée par l'OMS en 1992.

Pour les auteurs d'agressions sexuelles, là c'est encore plus un problème. Les pathologies sont, dans les revues internationales, inférieures à 4 %. Ce sont des malades pour 3,8 % dans la dernière méta-analyse. Les psychoses schizophréniques sont chez eux très peu représentées et il en est de même pour les troubles bipolaires. Par contre la consommation de drogues et surtout d'alcool ressort dans un pourcentage représentatif de cas, l'alcool jouant le rôle de désinhibiteur.

Les soignants n'interviennent pas dans le champ classique de leur métier. [...] Dans les troubles de la personnalité, et en particulier dans la psychopathie et chez les auteurs de violences sexuelles, on est dans le champ d'une clinique qui n'est pas celle que pratique habituellement une équipe de psychiatrie. Ça explique que la loi de 1998 soit très mal appliquée puisque déjà dans certains lieux où les équipes de psychiatrie sont débordées sur le travail classique sur les dépressions, les psychotiques, elles ne vont pas se former à une nouvelle clinique qui est celle des auteurs de violences sexuelles parce qu'elles n'ont pas eu le temps mais aussi parce qu'elles considèrent aussi que ce qui est essentiel c'est qu'elles fassent leur travail en psychiatrie, et non pas dans un champ qui est à la limite de la psychiatrie.

Peut-on vraiment traiter un trouble de la personnalité ?

M. SENON : Traiter n'est pas le mot, on préfère employer le mot de suivi psycho-socio-éducatif ou socio-psycho-éducatif. Suivi ou accompagnement, j'aime bien le mot accompagnement. Le mot accompagnement socio-psycho-éducatif est plus approprié car quand on a une dépression on a une prise en charge psychothérapique. [...]

M. SENON : Le risque c'est la stigmatisation de tous ceux qui auraient un trouble de la personnalité. D'abord on en n'est pas convaincu. Par exemple, tous les psychopathes ont-ils tous uniquement des traits psychopathiques ? Cela ce n'est pas sûr. Et vous l'aurez bien compris, chez les auteurs de violences sexuelles, le trouble de la personnalité n'est pas retrouvé dans tous les cas. On a des auteurs de violences sexuelles qui n'ont aucun trouble.

Ce serait donc plus du champ de compétence de la psychologie ?

M. SENON : Dans le champ de la psychopathologie... Comment peut-on éclairer l'inceste ? On peut l'éclairer en disant que ça se joue chez la personne, que peut-être que la personne a eu des carences, que ça se joue dans le contexte familial, que la famille est organisée de façon incestueuse et fait que la famille ne s'ouvre pas au monde, vit en autarcie, avec une confusion des rôles, une confusion des générations. Ou alors on le lit en termes sociétal en disant que dans notre société, certaines périodes, certains fonctionnements familiaux vont favoriser l'inceste. Donc on peut proposer des lectures tout à fait différentes de l'inceste mais pas uniquement une lecture individuelle. [...] On est perplexe parfois devant certains crimes !

S'il n'y a pas de possibilités de soins pour les agresseurs sexuels, quels types de suivi leur proposez-vous ?

M. SENON : Soigner, c'est s'occuper de, et on peut penser que quand on s'occupe de quelqu'un peut-être qu'à un moment donné ce quelqu'un va ouvrir les yeux sur lui, va avoir plus d'empathie pour les autres, va être capable de réfléchir un peu sur ce qui se mobilise en lui quand la loi a été dite, et quand le juge a prononcé la sanction. Peut-être peut-il bouger dans ces conditions-là. C'est le pari sur le fait que l'homme peut être mobilisable. Relisez les travaux de Claude Balier sur le plan psychanalytique, c'est ce pari-là. Que l'homme qui passe à l'acte peut être corrigeable par un travail de psychothérapie ou par un travail d'accompagnement. Peut-être. Et avec des travaux de recherche très discordants sur l'évaluation de la prise en charge. Hanson qui est le spécialiste international de l'évaluation des prises en charge à l'issue de la sortie de l'établissement pénitentiaire a sorti plusieurs recherches discordantes dans leur analyse de l'efficacité des prises en charge. [...]

Comment comprenez-vous le fait que l'on place le soin au cœur de la réadaptation sociale ? Ne se raccroche-t-on pas finalement au seul savoir que l'on ait ?

M. SENON : Actuellement, toutes les sociétés ont besoin de psychologiser le crime, de vivre dans l'illusion que les psys pourront peut-être quelque chose pour limiter le crime.

Mme BIANCHI : Je pense que la loi sur la rétention de sûreté est particulièrement emblématique car elle traite en même temps de la rétention de sûreté et de la surveillance de sûreté, mais aussi de l'irresponsabilité et de la manière dont on prend en charge les irresponsables mentaux pour malgré tout pouvoir les pseudo-juger. C'est cet amalgame qui est actuellement fait entre délinquance et problème psychiatrique. Il n'y a pas de lien ! La plupart des gens en France qui ont un problème psychiatrique ne sont pas délinquants. La plupart des délinquants n'ont pas de problèmes psychiatriques. Ils peuvent avoir des problèmes comportementaux, mais un psychopathe n'a pas besoin d'un psychiatre. Je pense qu'il y a plus de psychopathes que de paranoïaques en détention ; heureusement d'ailleurs [*rires*]. En tout cas, lier ces deux choses, c'est faire un amalgame qui permet ensuite de prendre des mesures que je qualifierais de « pour leur bien ». C'est-à-dire qu'enfermer quelqu'un pour son bien, pour le soigner, c'est beaucoup moins scandaleux que de l'enfermer en disant : je veux l'exclure parce qu'il est dangereux, et on boucle à double tour et on s'en débarrasse. Donc je crois que l'on est dans un enfumage qui vise à essayer de noyer ces deux aspects. Il n'y a pas de lien entre psychiatrie et délinquance ! Donc vouloir à tout prix croire qu'en soignant les gens, on va nécessairement résoudre le problème de la délinquance, c'est quand même se ficher du monde !

Section 2. La réserve du Conseil constitutionnel, ou l'obligation de proposer effectivement des soins durant la détention

Concernant cette utilisation du temps de peine, le Conseil constitutionnel a émis une réserve : pour qu'il y ait rétention de sûreté, il faut d'abord que des soins, durant la détention, aient été effectivement proposés. Pensez-vous que cette réserve va permettre d'éviter le temps mort de la prison ?

M. BIDET : Je ne suis pas certain que ce soit l'avis du Conseil constitutionnel qui fasse évoluer les choses. Il avait raison de faire remarquer cela, il faut que les soins en prison soient effectifs, on en est tous conscients. Après il y a des questions de principe, philosophiques, déontologiques qui se posent mais je pense que tout le monde aujourd'hui est prêt à dépasser cela, c'est un problème ensuite de coût, enfin de moyens. La médecine en prison, même si elle a fait un bon qualitatif important depuis 1994, reste quand même marquée par des déficits importants dans certains endroits : manque de soignants, permanence dans la continuité des soins distendue. Sur le secteur psychiatrique, là aussi, la psychiatrie en France n'est pas bien au point, donc en prison, elle n'est pas mieux. Donc il faut espérer que grâce à cette loi, le législateur nous donne les moyens, tant au Ministère de la santé qu'au Ministère de la justice, d'augmenter les ressources. Après il y a tout le travail individuel, l'accompagnement du condamné pour qu'il fasse lui-même sa démarche de soins. Quelquefois, elle n'est pas évidente, il faut être persuasif. Il faut aussi que le condamné sente qu'il a un intérêt à aller consulter, entamer une psychothérapie ou des soins, c'est un travail qui est lourd mais indispensable. Je pense que l'on ne peut pas concevoir qu'un individu, qui a commis des faits après un dérèglement comportemental déviant, ne soit pas pris en charge sur le plan sanitaire pendant son temps d'incarcération. Ce qui me fait dire que la prison ce n'est pas que la privation de liberté. C'est aussi faire en sorte que l'individu qui est confié à l'administration pénitentiaire pour exécuter sa peine et pour préparer sa réinsertion, change, évolue, qu'il ne soit pas mis en *stand by* pendant vingt ans, trente ans, parce que l'on n'aura rien gagné.

M. SENON : Il y a deux missions que les soignants réalisent en prison qu'il ne faut pas confondre. D'abord, il y a le fait que depuis 1994, et la France est le seul pays au monde, où c'est l'hôpital qui soigne dans la prison. C'est un apport républicain majeur, se dire que dans une société républicaine, les plus précarisés des précarisés ont droit aux meilleurs soins. Le système antérieur qui s'appuyait sur une médecine pénitentiaire avait démontré ses limites face à l'importance des besoins. L'idée que c'est l'hôpital qui donne des soins en prison est une idée fondamentale, et ça tout le monde nous l'envie. [...] Il s'agit pour une équipe hospitalière de donner des soins aux malades que concentre la prison à l'image de tous les lieux de précarité. C'est le premier niveau. [...] Déjà prendre en charge les schizophrènes, les déprimés, les anxieux, les insomniaques dans la prison, c'est un travail qui mobilise au-delà du possible l'équipe hospitalière. L'équipe hospitalière doit aussi prendre en charge les psychopathologies induites par la prison.

Le deuxième niveau est celui de l'accompagnement medico-psycho-socioéducatif. Il pose le problème du temps disponible et des moyens alloués à l'équipe soignante au moment où l'hôpital est en crise faute de pouvoir recruter dans une période de pénurie en médecins et infirmiers. Dans le même cadre, comment penser qu'une équipe de l'hôpital puisse proposer des psychothérapies rapprochées sur des périodes correspondant à la durée des peines dont on connaît la longueur en France comparée aux autres pays européens.

Comment envisagez-vous la réserve du Conseil constitutionnel dans la pratique ? Est-ce possible de mettre cela en place, ou est-ce totalement utopique au vu des moyens actuels de la psychiatrie ?

M. GUILLAUME : La réponse est presque dans votre question ! Ce que je dirais d'abord, c'est que c'est une bonne chose, qu'enfin il y ait quelqu'un, et c'est là le mérite du Conseil constitutionnel, qui dise : c'est bien de dire aux gens que s'ils ne se soignent pas, voire s'ils ne sont pas guéris, avec tout ce que ce que guérir veut dire en termes de psy, ils ne sortent pas, et que personne n'ait pensé à mettre en face l'obligation de moyen, pour l'institution. Donc déjà, que le Conseil constitutionnel l'ait mis, cela me paraît être intéressant, cela veut dire qu'il y a quand même quelqu'un qui a un minimum de recul sur le texte proposé. Après, il y a aujourd'hui trois éléments à prendre en compte. Le premier, on ne reviendra pas dessus, le problème de responsabilisation : la prise en charge d'un délinquant sexuel, qui par ailleurs est un terme relativement récent dans le langage, au niveau de la responsabilité et des risques encourus par le praticien, c'est énorme. Deuxième point, en France effectivement, il y a une pénurie de médecins psychiatres, et encore plus de médecins psychiatres formés à l'approche des délinquants sexuels. [...] Ensuite, la façon dont sont conçues les détentions, et ce que cela entraîne, rend difficile le soin en détention. Je ne dis pas que la détention rend impossible le soin ; je dis qu'elle le rend très difficile, et qu'il y a, à un moment donné, une question qui doit se poser, sur des problèmes humains. C'est la question du coût, c'est-à-dire combien est-on prêt à payer pour effectivement limiter les risques ? Et tant que l'on n'aura pas répondu à cette question, on sera en difficulté sur le fait de dire : on donne des moyens aux gens pour se soigner, pour ceux qui le veulent. On demande à une profession quelque chose qui est surdimensionné par rapport à sa capacité de fait. [...]

Après, je ne vous parle pas des personnes qui sont en maison d'arrêt, pour des faits graves, qui ont commencé une thérapie avec un psy, qui ont tout déballé, et ce n'est pas simple à déballer car on peut supposer que si la personne veut travailler c'est que quelque part, il n'est pas très fier et pas très heureux d'avoir fait ce qu'il a fait, et il arrive à le déballer. Puis tout d'un coup, on le transfère ailleurs ! [...] Et ce qu'on lui demande ? Monsieur, on repart à zéro. Comment motiver quelqu'un à travailler, quand on lui dit : on repart à zéro ? Ce n'est pas possible ! Et là, il y a quelque chose de fondamental : si on veut que quelqu'un travaille, on revient toujours au même principe : il ne faut jamais lui donner l'impression que l'on repart à zéro, que ce qu'il a fait n'a pas d'importance. On est dans ce paradoxe perpétuel, qui met l'intéressé qui voudrait vraiment travailler, qui voudrait s'engager, dans une situation paradoxale telle, qu'il ne peut pas en sortir.

Mme BIANCHI : Non, ce n'est pas possible, et que signifie un accès effectif aux soins ? Imaginons une personne avec une problématique psychiatrique et il se trouve qu'elle a un rendez-vous avec un psychologue tous les 15 jours. On pourra dire qu'elle a eu effectivement accès à un soin. Est-ce que, pour autant, ce soin est adapté, suffisant ? Cela sera-t-il apprécié aussi ? Est-ce que ce n'est pas un alibi de soins ? Je crains que l'on ait ni la quantité, ni la qualité adéquate pour soigner effectivement les personnes qui auraient besoin de l'être.

M. COUTANCEAU : Pour moi, le texte de la rétention de sûreté, et l'état du droit actuellement en France, c'est un objet qui n'est pas totalement réel. On rend presque ce texte inapplicable. Un bon avocat va dire : comment ? Vous n'avez rien fait pour mon client et vous vous réveillez au bout de 10 ans en disant qu'il est dangereux ? Pour l'instant, c'est un texte sans application pratique. C'est une autre philosophie de préparer la sortie et d'accompagner de façon structurée la libération conditionnelle avec plus ou moins de contraintes.

Mme JUSSELME : Cela pose la question des gens qui adhèrent et de ceux qui n'adhèrent pas, et du fait que certains sont suffisamment pervers pour adhérer sans adhérer. Cela pose la capacité aussi de tous ceux qui sont frustres, et vous pouvez tourner les choses comme vous voulez, ils sont limite déficients mentaux et ça n'avancera pas. Vous pouvez les prendre en charge pendant 30 ans, ils ont une déficience qui ne leur permet pas d'introspection. C'est le cas pour les déficients. C'est aussi le cas pour les personnes âgées, puisque l'on en incarcère quand même beaucoup, dont on sent qu'à 65 ans, 70 ans, il y a une espèce de rigidité, il n'y a pas de capacité d'introspection, d'évolution par rapport à cela. En général ils suivent des soins parce qu'ils sont bien gentils, ils ne veulent pas poser de soucis, mais ce n'est pas ça la réalité. Les psychiatres le disent : avec celui-là, je suis limité, il ne comprend pas, je n'arrive pas à l'emmener vers. Encore une fois, on est sur des êtres humains, et les êtres humains, ça ne marche pas à tous les coups. Et puis, on vise spécifiquement les délinquants sexuels. Moi je suis désolée, après ce n'est que mon avis, mais je ne suis pas d'accord. Le passage à l'acte violent, le fait que vous braquiez des banques, pour moi cela suppose quand même que vous ayez une réflexion, c'est le rapport à l'argent, le rapport à la violence, la frustration, cela mérite aussi que l'on analyse les choses. Ils ne rentrent pas dans ces dispositifs-là. Les violences sur conjoint, elles ne rentrent pas non plus dans ce dispositif.

Section 3. Le soin comme objectif secondaire de la rétention de sûreté

On est dans l'ère du soin, avec la peine-traitement, mais est-ce pertinent de vouloir traiter la récidive dans un contexte de défense sociale, presque exclusivement par du soin ?

M. PARANTHOINE : Non ! On voudrait supprimer toute l'agressivité chez les individus, toute violence alors que ce n'est pas possible, ce n'est pas possible ! Sinon, c'est la mort d'une société.

N'aurait-il pas fallu plutôt mettre les moyens avant, en prison et sur les structures qui existaient déjà ?

M. PARANTHOINE : Ah ! Ça, je ne vous le fait pas dire !

L'objectif de soin de la rétention de sûreté n'est-il pas un alibi pour légitimer la mise à l'écart de l'individu ?

M. PARANTHOINE : Absolument ! C'est mon point de vue, c'est mon point de vue complet !

M. BLOAS : Est-ce que l'on a véritablement le remède adéquat ? Ensuite, ce sont des personnes qui ont déjà fait quelques années derrière les barreaux, une quinzaine, une vingtaine. Je pense que s'il y avait eu possibilité de les soigner, on aurait dû le faire à ce moment-là.

C'est la question de la pertinence du soin sur de longues périodes.

M. BLOAS : Oui, le soin, le soin. On a eu le temps de les soigner. Non moi, sincèrement, je serais plus favorable à une relégation, à les mettre quelque part mais que l'on en donne le nom déjà, c'est très hypocrite, c'est dissimulé. Qu'on leur permette de vivre, peut-être à l'écart de la société, mais de vivre normalement.

On se trouve actuellement dans « l'ère du soin » ; mais le soin est-il vraiment la seule solution pour régler les problèmes du criminel ?

M. BEUZIT : Je suis assez d'accord. C'est la seule réponse que l'on ait. Oui, le soin, on ne parle que de cela. C'est vrai. Et dans le milieu ouvert, c'est aussi ça. Dans les SME, on met une obligation de soins, et parfois une obligation de travail. Cela veut dire que l'on est en train d'essayer de soigner des gens dont on sait qu'ils ont des problèmes mais qu'ils ont commis des délits. Vaste question.

***

Mme PICHON : Il y a une diversité bien plus complexe que cette affirmation péremptoire qui consiste à dire que le condamné doit faire l'objet d'un traitement de soins. On ne sait d'ailleurs pas trop ce qu'est que le traitement. Il y a une espèce de vertu magique du traitement sur les condamnés. C'est évident que ce système-là a très sérieusement des limites, mais c'est comme cela qu'il est conçu, et c'est comme cela qu'il est mis en œuvre dans la vie de tous les jours. [...] Ça, c'est vraiment une difficulté parce que comment peut-on apprécier une adhésion à un soin, à partir du moment où l'on dit : si vous ne le faites pas, vous n'aurez pas ci, vous aurez ça ? Il n'y a qu'à voir le nombre de détenus qui vont chez le psychiatre pour avoir leur

L'objectif de soin de la rétention de sûreté, second ou secondaire ? 153

petit papier à la fin de l'entretien ! Et finalement, c'est la seule chose qui importe, et non la teneur de l'entretien.

Le second objectif de la rétention de sûreté est de soigner les personnes dans un centre socio-médico-judiciaire. Pensez-vous qu'il y aura vraiment cet objectif de soin, ou ne s'agit-il pas d'un prétexte pour légitimer la mise à l'écart du criminel dangereux ?

M. RAIMBOURG : À ce stade, je ne sais pas. Ce que je peux vous dire, c'est que chez les professionnels les plus optimistes, c'est l'espoir qui a été soulevé. [...] Lors des auditions, on a rencontré un psychiatre, M. Coutanceau, qui se dit intéressé pour mettre en place ces soins, qui seraient des soins particuliers, avec un savoir particulier, qui serait un savoir criminologique. C'est peut-être le seul aspect positif. C'est-à-dire que peut-être qu'à partir de ces expériences, pourraient se généraliser des soins des troubles de la personnalité. [...] Le seul espoir c'est que cela fasse bouger un peu les habitudes en matière de soin, et de connaissances criminologiques. C'est le seul espoir !

***

Mme BIANCHI : La question est : qui va-t-on placer en rétention de sûreté ? Est-ce que ce sont des gens qui ont des problèmes psychiatriques ? Pas nécessairement ! Ce n'est pas parce qu'ils auront été déterminés dangereux pas un psychiatre, par deux ou par dix-huit, que pour autant ils souffriront d'une maladie psychiatrique. Donc pour certains, le soin n'a aucun intérêt parce que ce n'est pas le bon diagnostic, ce n'est pas le bon remède. Donc se cacher derrière la ligne du soin, non ! Pour les gens qui ont de réels problèmes psychiatriques, que l'on peut considérer comme dangereux psychiatriques, dans la mesure où le psychiatre peut le déterminer, pourquoi n'a-t-on pas commencé avant ? [...] Donc cela veut dire que cette espèce de truc illusoire qui fait qu'à la fin, tout d'un coup, on va découvrir que la personne a besoin de soins et qu'en prison on pouvait avoir les moyens, c'est n'importe quoi ! On est effectivement dans un objectif d'écartement de la société. Pour ceux qui n'ont pas été condamnés à la perpétuité réelle, c'est la perpétuité réelle.

Donc selon vous, l'objectif unique de la rétention de sûreté sera la neutralisation de l'individu ? L'objectif affiché du soin ne serait que secondaire ?

M. BONDUELLE : Si c'était l'objectif premier, pourquoi aurait-on besoin de poser comme principe la privation de liberté ? Je sais bien que dans le dispositif tel qu'il existe, c'est le dernier recours. Avant, il y a la surveillance de sûreté, la surveillance judiciaire etc. Certainement, tout est dit dans le texte, et encore plus dans la réserve d'interprétation pour que ça soit le dernier recours. Certes. Mais d'abord, on peut douter que l'objectif de soin soit l'objectif premier s'agissant de cette mesure quand on sait que la personne aura passé, par définition, des années en détention où sont censés exister, et plus encore avec la réserve du Conseil, des dispositifs de soin. On peut douter du fait que ce qui n'aura pas pu être fait en quatorze ans de détention ou en dix ans, pourra être fait en une année, puisqu'encore une fois la durée initiale de la rétention de sûreté est d'une année renouvelable. Et puis, deuxième point, est-ce dans la privation de liberté que l'on soigne le mieux ? Justement, si à la limite on fait le constat qu'après dix années de réclusion criminelle, la personne n'est pas « guérie », comment pourra-t-elle l'être davantage dans une structure qui sera, en gros, une prison ? Avec peut-être un peu plus de personnel médical, et encore on aimerait bien voir. Dans le soin, il y a beaucoup de psychiatres qui vous le diront : il y a quand même l'implication du patient dans le soin qui se pose. [...] Le troisième point est le principal : je ne vois pas comment on peut soigner ce qui n'est pas une maladie. On est dans autre chose. On est dans la privation de liberté plus l'accompagnement thérapeutique, c'est plus ça. Je ne crois même pas que le texte ait pour ambition de soigner les gens. Il a pour ambition de les retenir, c'est-à-dire de les éliminer le temps où ils sont retenus et donc potentiellement jusqu'à la fin de leurs jours et de les accompagner thérapeutiquement, alors j'imagine en espérant que pour certains, des améliorations vont voir le jour. Un schizophrène, vous l'hospitalisez, au bout d'un certain temps, vous savez que vous pouvez le remettre dehors parce que s'il suit son traitement, il n'est pas dangereux. Mais un psychopathe, je ne vois pas comment on va le soigner. [...]

Mme RATEAU : La problématique des soins en détention est encore plus un mensonge car on sait que même les soins au minimum ne sont pas effectifs le premier jour de la détention.

Pendant toute la durée de leur peine déjà, qui doit durer au moins quinze ans, ils n'auront pas de soins, ou très peu ; et puis là maintenant, on va s'occuper d'eux ? C'est l'indigence totale ! On n'assure pas la sécurité physique de nos prisonniers. Ils peuvent être violés, maltraités, on le sait. Ils peuvent se pendre, on le sait. On n'assure pas non plus le minimum de soins médicaux. La CMU, cela n'existe pas ! On a des problèmes dentaires, on a des problèmes pour avoir des lunettes. Il y a la gale, la tuberculose. C'est ça la maison d'arrêt française, c'est la réalité de la détention ! [...] Nous, ça nous est apparu comme une provocation que le Ministère nous dise : ce n'est pas du tout ce que vous racontez. Ce n'est pas de la relégation, c'est de la prise en charge ; avec cette totale confusion entre la restriction de liberté, l'enfermement, qui est la mission de l'Etat, de l'administration pénitentiaire et la mission du soin et de la psychiatrie en particulier.

M. BONDUELLE : En fait, on judiciarise la psychiatrie et on psychiatrise la justice, avec une confusion terrible sur le jugement des malades mentaux.

Selon vous, dans la rétention de sûreté, l'objectif de soin qui est affiché n'est-il pas un alibi pour une élimination sociale ?

M. ZAGURY : Je pense que vous formulez les choses assez bien, oui. Je pense effectivement à ce que j'avais dit dans une interview : que l'on badigeonne en blanc les murs d'une prison, ça n'en fait pas pour autant un hôpital ! Et puis alors Madame Rachida Dati a répété cinquante fois : les psychiatres vont les soigner, les psychiatres vont les guérir ! Attendez, ça va ! Si on me demande de guérir Michel Fourniret, je ne peux pas ! Je vous le dis tout de suite, ce n'est pas possible, surtout qu'il n'est pas malade, donc je peux difficilement le guérir ! Il y a dans une large mesure une escroquerie sémantique ! Et d'ailleurs en Allemagne, il y a des gens qui sont sans soins, ils sont en rétention, mais sans soins, parce que ce n'est pas la peine, on ne va pas faire semblant ! Il y a un moment où les gens disent que ce n'est pas possible, il ne changera pas. Il ne bougera pas. Donc, ils sont en rétention infinie. Il faut le savoir. Je pense que c'est un système diabolique parce que des gens qui effectivement, ont des antécédents assez lourds et un profil potentiellement dangereux, seront dans des impasses et que les gens qui auront à les soigner et à les évaluer seront aussi dans des impasses parce que personne ne pourra prendre ce risque-là, c'est évident ! Alors dans le débat, il y avait la question de savoir combien ils seraient. Vous avez vu que cela a fait l'objet de polémiques. Mais à mon avis, ça augmentera d'année en année, ce sera une espèce de fond de cuve qui augmentera d'année en année !

Si finalement on part du postulat que tous ces criminels n'ont pas tous besoin de soins, n'est-ce pas un peu hypocrite de dire que l'on va les placer en centre socio-médico-judiciaire pour les soigner ? Le soin dans la rétention de sûreté n'est-il pas là simplement pour justifier la mise à l'écart ?

Mme DESBRUYERES : Moi je pense que ça l'est complètement, sinon l'argument qui consiste à dire qu'on les met en centre socio-médico-judiciaire de sûreté, parce qu'ils sont dangereux, pour supprimer cette dangerosité, ne tient pas. C'est bien ! Mais pourquoi ne pas l'avoir fait avant, puisque l'on sait le faire ? Parce que l'on dit qu'on sait le faire ! Faisons-le 15 ans avant, on gagne du temps, et beaucoup d'argent ! Pourquoi on ne le déplace pas ? On met en place des moyens renforcés pour ces gens identifiés comme ayant un potentiel de récidive plus important à ce moment-là, on concentre les moyens, on intensifie le suivi. [...] Mais que l'on mette les moyens pour que le temps de peine soit un temps utile et un temps dans lequel on réfléchit à ce qui s'est passé, le but de l'institution étant bien que dans 15 ans il va sortir et qu'il faut jouer sur les facteurs de récidive.

Lorsque l'on dit qu'on va soigner à l'issue de la peine, on dit aussi que la peine sera un temps mort sans évolution.

M. ROUSSEAU : Tout à fait. Vous avez compris comment fonctionnent les soins. Les soins, la réalité de ces soins, je ne parle pas des moyens cette fois, je parle de l'adhésion du condamné, c'est le volontariat, c'est l'énergie qu'il va mettre à les suivre. On pourra lui mettre toute la panoplie… s'il n'adhère pas, ça aura ses limites. La contractualisation du rapport soignant-soigné est fondamentale. C'est d'ailleurs la dichotomie qui est faite entre ceux qui contractualisent et ceux qui ne contractualisent pas avant la sortie. Après la sortie, c'est de l'ordre de la contrainte.

Justement, avec la rétention de sûreté, on a l'impression que l'on a déplacé cette prise en charge en fin de peine. N'aurait-il pas mieux valu mettre les moyens avant ?

M. BIDET : Si, si, mais en même temps il faut quand même admettre, enfin en tant que Directeur de prison, on a tous déjà rencontré des gens pour qui, malgré les soins, on peut émettre des doutes sur leur capacité à évoluer. Soit parce que la maladie mentale est telle que même s'il y a évolution, cela n'ira pas jusqu'à la guérison, donc voilà, il faut que l'on trouve une solution pour ces gens-là à la sortie. Les lâcher dans la nature, ce n'est pas satisfaisant. Alors ces gens-là, ils ne représentent quand même pas la masse des condamnés, et des condamnés à de longues peines, mais ils existent. Donc il faut faire quelque chose pour eux. Et puis il faut l'adhésion du condamné, et quelque fois elle est instrumentalisée. On est dans un univers particulier, la prison est un univers très codifié. Il y a un code, et il y a des détenus qui s'adaptent très bien au code. Ils savent que cela fait partie du parcours de faire une psychothérapie pendant des années, et puis on gagnera le salut, et on ne demandera plus rien à personne, « je suis quitte » ; mais alors même que l'on sait que le risque de récidive est tout de même très prégnant. Ce n'est pas parce qu'il a suivi une psychothérapie, qu'il a vu pendant X années un psychiatre ou un psychologue, qu'il a réglé le problème avec lui-même et avec le risque de passage à l'acte.

Donc vous pensez que cette mesure était nécessaire ? Que l'arsenal n'était pas suffisant ?

M. BIDET : Oui. Je crois en l'homme, donc je crois en la capacité d'évoluer. La plupart évolueront, la plupart avec l'aide de soignants, d'éducateurs, d'enseignants, évolueront. Il y a quand même un noyau irréductible de gens qui présentent de tels risques que l'on ne pouvait pas faire autrement que d'envisager un arsenal supplémentaire.

Donc il y a des personnes pour qui on ne peut rien faire ?

M. SENON : En l'état actuel, pour un très petit nombre, oui ! Tous les pays connaissent ce problème et aucun n'a de réponse satisfaisante au niveau du droit et de l'éthique. La Suisse, après une votation qui a été un raz de marée, vient de modifier son code pénal afin qu'aucune personne « dangereuse » ne puisse sortir de l'hôpital ou de la prison. Les peurs sociales sont à l'œuvre dans un pays où la criminalité n'est pourtant pas préoccupante.

Pensez-vous que la notion de soins sur le long terme soit cohérente et le soin n'est-il pas un alibi pour mettre à l'écart et neutraliser la personne ?

M. SENON : Oui, probablement ! Notre société est envahie par l'idée de punir durement, mais pour se déculpabiliser, punir humainement en soignant.

***

M. COUTANCEAU : J'ai une position un peu marginale. Les moyens sont un faux problème. Pour le suivi, la résistance au changement, elle est dans les esprits. Si quelqu'un est contre le suivi de groupe, je respecte. Ensuite, un sujet transgressif ça ne se soigne pas forcément. Ça s'informe, ça s'éduque, ça se soigne et ça se dissuade. On a, pour aider le transgressif, le soin, le travail sur ce passage à l'acte, c'est-à-dire la criminologie ; et on a la dissuasion : le bracelet, l'avertissement. Il y a beaucoup de gens qui s'humanisent, mais il y a une minorité de gens qui, malgré le suivi, restent très égocentrés. Donc ma thèse consiste à dire que c'est bien de continuer à les dissuader. La seule chose qui les inhibe, c'est la peur de retourner en prison. La rétention à vie, je suis contre. J'avais proposé, plutôt qu'un centre santé-justice qui est la rétention de sûreté, des établissements spécialisés. Je pense que co-animer santé-justice en prison, pendant le temps de peine, serait une bonne chose. J'étais pour une double tutelle pour la prévention de la récidive. Donc attendre la fin pour se demander ce que l'on va faire... Quand les gens font 15 ans de prison, on se dit : quand même, bossons pendant les 15 ans sur leur dangerosité supposée avant de leur remettre une couche. C'est presque un réveil maladif. Par contre, pour le milieu libre, je serais plus ouvert pour des longues durées de suivi pour certains sujets problématiques (une minorité) ; et après, une évaluation psychologique et criminologique, soumise au contradictoire.

Pour aller plus loin...

ALVAREZ J., GOURMELON N., La prise en charge des auteurs d'agressions sexuelles par l'administration pénitentiaire, Etat des lieux et nouvelles pratiques, *Revue de Science Criminelle* 2007 p.618.

CHANTRAINE G., De la prison post-disciplinaire en général et de la carcéralisation du soin psychiatrique en particulier : le cas français, *Actes du colloque « Le pénal aujourd'hui : pérennité ou mutations »*, Centre international de criminologie comparée, Montréal, 5-6-7 décembre, p.206.

CIAVALDINI A., BALIER C., *Agressions sexuelles : suivis thérapeutiques et cadre judiciaire*, Paris, Masson, 2000, Collection pratiques en psychologie.

GUILLAUME Y., Une offre de soin pour quel suivi ?, *AJ Pénal* 2009, p.62.

SENON J.-L., et MANZANERA C., «Psychiatrie et justice : de nécessaires clarifications à l'occasion de la loi relative à la rétention de sûreté», *AJ Pénal*, 2008, p.176.

Commission nationale consultative des droits de l'homme, *Avis sur la maladie mentale et les droits de l'homme*, Adopté par l'Assemblée plénière le 12 juin 2008.

Chapitre 8. La place des criminels dans la société : de la technique juridique au débat sociétal

> « *L'agresseur d'enfant devient surtout l'horreur première, la violence extrême confrontant plus que jamais deux visions de nos sociétés : monstrueuse dérive sociale, ou réaménagement si aigu des sensibilités et des peurs qu'elle projette au premier plan le regard sur la souffrance et le crime, forfait abominable s'il touche à l'enfant ?* »
>
> Georges VIGARELLO[63]

« Le mal est dans la peur qu'il inspire, l'insécurité qu'il répand, mais aussi dans les risques qu'il nous fait encourir »[64]. Par le jeu du risque, la société en vient à se poser une question : Que faire des criminels encore dangereux en fin de peine ?

La victime occupe aujourd'hui une place importante sur la scène pénale. Elle est désormais considérée à toutes les phases du procès pénal, que ce soit durant l'enquête, pendant le procès ou même lors de l'exécution de la peine. Elle est ainsi mieux prise en compte par la justice, mais aussi par les pouvoirs publics, qui l'écoutent et s'en font même parfois les porte-paroles. Mais plus que la place de la victime identifiée, c'est la place de toutes ces victimes potentielles qui inquiète. Ce mouvement est en réalité le corollaire d'un second, celui

---

[63] VIGARELLO G., *Histoire du viol, XVIème - XXème siècle*, Paris, éditions du Seuil, 1998, Points Histoire, p.270.
[64] SALAS D., *La volonté de punir, Essai sur le populisme pénal*, Paris, Hachettes littératures, 2005, p.18.

de la société qui se sent toujours plus en danger, toujours victime potentielle. Pourtant, aucun lien évident ne semble pouvoir être établi entre ce sentiment d'insécurité et la réalité de la criminalité. Le sensationnalisme médiatique et les actions immédiates des pouvoirs publics ne sont pas sans jouer un rôle sur ce sentiment grandissant d'insécurité. L'utilisation du fait divers et de l'émotion de l'opinion permet de mener une politique sécuritaire semblant répondre aux attentes des justiciables. Ces différents facteurs ont conduit à passer « d'un délinquant compris comme un individu à corriger, à une délinquance subie comme un phénomène social et même mondial »[65]. Dans cette société de sécurité, l'intérêt semble donc plus de se protéger du criminel que d'essayer de le corriger et de le réinsérer. Les politiques pénales cherchent à tendre vers un but inatteignable, le risque zéro. Or, la solution la plus radicale pour diminuer le risque, est la neutralisation de ce qui peut causer le dommage, la neutralisation de l'individu dangereux.

C'est dans ce contexte que sont apparues certaines figures du mal, notamment celle du « prédateur sexuel », auteur de violences sexuelles. Ce crime est d'autant plus intolérable à la société quand la victime est un enfant, image de l'innocence même, « crime d'autant plus atroce qu'il atteint un être projeté en idéal de pureté »[66]. Le discours entendu de la victime, et l'indignation de l'opinion y faisant suite conduit à diaboliser le criminel, allant jusqu'à lui enlever une partie de son humanité, en usant du terme « monstre ». Pourtant, quoi de plus humain que le phénomène criminel ? Certes, il est plus facile pour la société d'exclure l'individu, en lui niant toute vocation à la réintégrer et ainsi, ne pas reconnaître sa responsabilité. Cette image se traduit sur le plan pénal par l'essor actuel des mesures de sûreté, dont l'objectif est avant tout la neutralisation, et donc l'exclusion du « dangereux » de la société, du « dangereux » criminel, mais aussi du « dangereux » déviant.

Si a priori le criminel et le malade mental relèvent de catégories distinctes, une notion les rapproche, et tend à les confondre : la dangerosité. Le criminel peut en effet être considéré comme potentiellement dangereux du fait du risque de récidive, le malade mental du fait d'une certaine violence résultant de son trouble. En

---

[65] SALAS D., *La volonté de punir, Essai sur le populisme pénal*, précité, p.62.
[66] VIGARELLO G., *Histoire du viol, XVIème – XXème siècle*, précité, p.295.

résulte une certaine confusion entre criminel et malade mental. Une ambiguïté qui interroge, notamment concernant la confusion du traitement entre responsables et irresponsables, par le second volet de la loi du 25 février 2008.

Dans la vision des révolutionnaires, l'individu est considéré comme déjà suffisamment puni par le fardeau de sa maladie, il ne serait donc pas juste de le punir à nouveau, alors même qu'il n'avait aucune volonté de produire cet acte dommageable, provoqué malgré lui. Pinel a contribué à rendre au fou un visage humain, et à détruire la barrière existant entre « l'homme normal » et le fou. « Cette modification radicale du regard jeté sur le malade mental est considérée comme l'étape préalable primordiale au développement de la clinique psychiatrique qui trouvera alors des moyens accrus »[67]. L'irresponsable est alors placé en hôpital psychiatrique, où il lui est administré des soins. Le diagnostic d'une maladie permettait non seulement d'identifier le mal, mais aussi d'envisager une thérapeutique. Cette idée paraît aujourd'hui ne plus gouverner le traitement de l'irresponsable, et c'est désormais la dangerosité du malade mental qui intéresse, bouleversant le principe d'irresponsabilité : « Le regard porté par la justice sur la folie a changé, certainement sous l'effet conjugué de l'évolution de la psychiatrie, des mutations du procès pénal et par le retour en force des notions de dangerosité et de risque »[68]. Cet amalgame entraine inéluctablement une certaine stigmatisation du malade mental, assimilé au criminel fou par l'opinion publique, alors même qu'il ne s'agit que d'une représentation altérée de la réalité. A travers cette nouvelle image de l'aliéné dans la société, et la façon dont la justice l'appréhende, c'est toute la philosophie révolutionnaire sur le traitement de l'irresponsable qui est mise à mal.

En ne regardant l'individu non plus comme une personne, mais comme un simple porteur de risques pour la société, c'est la place et l'image non seulement du criminel, mais de l'humain, qui est repensée. Face au poids toujours plus important de la préoccupation sécuritaire, quelle place accorde-t-on aux libertés individuelles, dans la

---

[67] SENON J.-L., *Psychiatrie de liaison en milieu pénitentiaire*, Paris, PUF, 1998, Médecine et société, p.9.
[68] DANET J., SAAS C., Le fou et sa « dangerosité », un risque spécifique pour la justice pénale, *Revue de science criminelle* 2007, p.779.

balance sécurité/liberté ? Peut-on encore parler de recherche d'équilibre, de juste milieu ? La question reste posée de savoir quelle société l'on veut, celle qui cherche à réintégrer celui qui lui a porté atteinte, une fois sa peine purgée, ou celle qui exclut définitivement, sans place pour l'amendement ou le changement.

Dans ce chapitre (par ordre d'intervention) :

M. RAIMBOURG, Député de Loire-Atlantique

M. PINEAU, avocat à la CPMS de Rennes

M. MILLET, psychiatre à la CPMS de Rennes, expert près la Cour d'appel de Rennes

M. ZAGURY, expert psychiatre

M. SENON, professeur psychiatre

M. BIDET, représentant de l'administration pénitentiaire à la CPMS de Rennes

M. BONDUELLE, magistrat instructeur, représentant du **Syndicat de la magistrature**

M. GUILLAUME, Chef de service au SPIP 44

Mme RATEAU, Vice-Procureur au Tribunal de grande instance de Rochefort, représentante du **Syndicat de la magistrature**

M. PAGE, Directeur du centre pénitentiaire de Nantes

Mme JUSSELME, Directrice adjointe du centre de détention de Nantes

Section 1. L'image de « monstre » du criminel auteur de violences sexuelles

Vous expliquiez que l'acte criminel contenait en lui-même la preuve d'une dangerosité de l'auteur. Mais si l'acte que la personne a commis montre qu'elle est dangereuse, c'est au moment où elle a commis cet acte. La décision de justice est réputée avoir pris en compte cette dangerosité dans le prononcé d'une peine adéquate. La personne ne peut-elle pas évoluer ?

M. MILLET : Alors je vais vous donner un exemple : l'autre jour, on a évalué la dangerosité d'une personne qui a fait partie de ces parachutistes de Francazal, près de Toulouse. Ces personnes-là vont commettre les actes les plus abominables qui soient. L'intéressé a 19 ans à l'époque. Ils font une virée à trois. Ils trouvent une fille. Ils la violent à trois et puis pour ne pas qu'elle les dénonce, ils la tuent. Après, ils tombent sur deux autres filles en auto-stop, elles seront violées, battues et tuées aussi. Après c'est un homme qui, je crois, veut aider, et il prend un coup de revolver dans la tête. Ces gens-là, à l'époque, avaient entre 19 et 25 ans. Comment oublier cela ? Le jeune homme que l'on a évalué depuis, a compris toute l'horreur qu'il avait commise et donc on peut penser qu'il a certainement agi en étant extrêmement dépendant des autres, c'est-à-dire, en ne se rendant pas trop compte de l'horreur qu'il commettait. Enfin, même s'il était dépendant effectivement, il s'est tout de même comporté comme un barbare. Qu'est-ce qui nous fait dire que 20 ans après, cette personne-là a mûri suffisamment pour ne pas récidiver ? On peut le penser finalement au travers de l'évaluation du centre national d'observation : le CNO a trouvé qu'il avait beaucoup mûri au cours de son incarcération. Il avait pêché à l'époque par un manque d'autonomie et une incapacité à dire non à l'horreur perpétrée. Effectivement, on a donné notre accord pour la libération conditionnelle. Vous vous rendez compte de la personne que l'on met en libération conditionnelle ? Un monstre !

Vous n'étiez pas d'accord avec cet avis de la commission ?

M. MILLET : Si, je suis d'accord, et je n'ai pas dit non. Mais je veux dire que ce sont tout de même des responsabilités énormes. C'est une responsabilité énorme de mettre en liberté des gens qui ont commis quand même des choses qui sont absolument horribles. Alors vous évidemment, vous êtes dans un milieu où vous allez peut-être ne voir que cela, enfin peut-être pas, mais moi je suis dans un milieu où je ne m'occupe pas que d'horreurs. [...]

Vous parliez de monstre à l'instant. Cette personne-là est-elle vraiment un monstre selon vous, ou s'agit-il d'une image ?

M. MILLET : Non, non. Un type qui a tué comme ça, au moment où il a commis ces actes-là, c'est un monstre. Quelqu'un qui a tué deux jeunes filles, à deux reprises, qui trucide des gens, en faisant fi de la vie de l'autre, en la traumatisant, la violant et la tuant, pour vous, ce ne sont pas des monstres ?

Ce qui est gênant, c'est qu'avec le terme de monstre, on n'est plus dans de l'humain.

M. MILLET : Ah, moi je peux vous dire que l'on a ce qu'il y a de plus horrible chez l'être humain. Et quelle est la définition de la plus grande horreur que l'on puisse voir chez l'être humain ? On dit que c'est un monstre. Après, c'est peut-être une expression triviale, mais c'est la réalité. Si vous voulez, moi j'ai un de mes patients il y a cinq ou six ans, qui a commis un meurtre. On avait fait une émission sur Arte avec lui, il m'avait très bien expliqué ses hallucinations, et je savais que lorsqu'il prenait du cannabis, il pouvait être dangereux. Et un jour il n'est pas venu à ma consultation. Il a pris du cannabis, et il a été retrouvé avec son beau-père, avec un couteau planté dans son cou, et lui était en train de fumer sa clope. Ce garçon-là, pourtant, n'est pas un monstre. Il est malade, c'est quelqu'un qui a commis un meurtre horrible, tragique pour le beau-père. Il y a eu des choses qui ont été commises dans l'horreur, mais pour moi, ce n'est pas un monstre. L'autre jour, j'ai expertisé quelqu'un : ce sont des gens qui ont été invités à boire chez d'autres personnes. Ils sont arrivés, ont bu un coup de trop. Il y avait la fille qui était jolie, et ils se sont dit : on va s'amuser un petit peu. Il y en a un qui l'a embrassée et qui a commencé à la toucher un petit peu. Il y en a un qui s'est opposé, alors ils l'ont battu, l'ont attaché et ont violé la fille. Ils ne les ont pas tués mais les ont laissés dans un état déplorable. Pour moi, ce ne sont pas des monstres. Ils ont commis des choses qui sont infâmes et qu'ils n'auraient pas dû commettre, mais ce ne sont pas des monstres. La personne qui fait six meurtres, à répétition, et qui fait souffrir les gens, pour moi, c'est un monstre.

Aussi horrible soit l'acte commis, pour ces gens-là il faut tout de même partir du postulat qu'ils vont réintégrer la société. Or, un monstre, par définition, c'est quelque chose qui est extérieur et qui n'a pas vocation à réintégrer la société.

M. MILLET : Ça c'est vous qui le dites, qu'il doit réintégrer la société. Moi je ne sais pas. C'est une question que vous posez, là, comme ça, mais qui le dit ? Qui a dit qu'il fallait qu'il réintègre la société ?

C'est le but de toute forme sociale, la volonté d'essayer de vivre ensemble. Et c'est également une des fonctions de la peine.

M. MILLET : Non, non, non ! La peine est là pour sanctionner quelqu'un pour un crime qu'il a commis. Et donc après, on choisit la durée. Avant, on ne choisissait pas comme ça. Pour des crimes comme ça, c'était la peine de mort. On a supprimé la peine de mort. On peut le regretter ou non, moi je suis plutôt satisfait qu'on l'ait supprimée, car je trouve que c'est quelque chose d'encore plus horrible, et qu'on ne répond pas à l'horreur par une autre horreur. Ces gens-là en l'occurrence, ce sont des gens qui ont pris perpète quand même.

✳✳✳

M. ZAGURY : Il y aura des effets pervers. Ce sont les sujets qui appartiennent aux groupes à risques qui seront les plus stigmatisés, donc paradoxalement, peut-être que cela produira des effets contre-productifs. [...]

Quand vous dites à quelqu'un qu'il est un monstre, il peut adopter le comportement du monstre pour vous conforter. Vous savez, c'est une logique que l'on repère assez souvent. Par exemple, dans l'affaire Outreau, il y avait ce garçon qui était accusé d'avoir commis des actes pédophiles, il a dit : j'ai tué une petite fille. Et il l'a très bien expliqué : puisque l'on me traitait d'assassin, je leur en ai donné, je leur en ai donné ! Donc les paroles : tu finiras sur l'échafaud, tu finiras par tuer et violer, tu es un petit menteur, pour le moment un garnement, mais tu iras plus loin, etc., ce sont des paroles qui peuvent, évidemment pas tout le temps, avoir un certain poids. C'est évident que si vous stigmatisez des gens en faisant porter sur eux un pronostic extrêmement lourd, une partie de ces sujets va réaliser cette sorte d'identité anticipatoire que vous leur avez donnée. Mais c'est un phénomène extrêmement connu, c'est la prophétie auto-réalisatrice. Dans ce sens, la meilleure manière, en définitive, de ne pas se tromper, c'est encore de dire que l'être humain est monstrueux !

Section 2. À la recherche de l'impossible risque zéro

M. SENON : Notre société a peur et elle veut que ceux qui risquent fort de récidiver dès leur sortie soient à distance de façon à ne pas récidiver tout de suite. Notre société a décidé. Et chez nous, il y a eu un petit, relatif débat, mais regardez le peuple suisse. Il n'y a pas eu de débat, il y a eu une houle, une marée ! Internement à vie, on ne discute pas, le peuple a décidé ! Nous, ça n'a pas été dans ce sens-là. Nos parlementaires se sont dits préoccupés, conscients du poids des votes de leurs électeurs, qu'ils avaient bien entendu leurs électeurs et puis ils étaient bien décidés à s'intéresser à ce problème-là. Regardez actuellement le nombre de commissions qui traitent de la dangerosité et puis regardez la dangerosité, ce qu'on y met : les pédophiles et les malades mentaux. C'est très clair ! Pédophiles, sérials et malades mentaux, trois catégories ! Les ennemis du peuple ! Prédateurs, joli terme, magnifique ! À l'américaine !

M. BIDET : La société aujourd'hui demande une société sans risque, donc on est dans l'ère du temps. Aujourd'hui, nous sommes dans un univers où l'insécurité est intolérable au corps social. Donc le risque d'insécurité n'est pas acceptable. On sait qu'il y a un risque, on doit tout faire pour pallier ce risque. Même si, en effet, il faudra appréhender ce risque, enfin j'ose espérer, avec beaucoup de finesse, et ne pas se contenter comme je vous le disais en début d'entretien, d'une perception par trop subjective.

Que dire d'une loi votée dans l'urgence, dans une optique de risque zéro, au nom des victimes potentielles ?

M. RAIMBOURG : [*rires*]. Je ne peux pas vous dire que c'est bien ! C'est quelque chose de fou. Le problème, c'est que ce type de loi, ce type de débat laisse espérer un risque zéro, laisse penser qu'il y a quelque chose, là, de possible. Avec ce type de législation, on s'interdit de mettre en place un contrôle qui soit sérieux à la sortie, mais aussi un contrôle généralisé, pas seulement pour les criminels pulsionnels. Il y a toute une délinquance qui a besoin d'être surveillée. Il y a des gens qui ont besoin d'être encadrés à la sortie et qui pourraient en plus bénéficier de cet encadrement. Il y a des gens qui notamment sont des pédophiles, qui demandent à être suivis. [...] Donc la réponse à tout cela, et la réponse à la délinquance, c'est un encadrement de la sortie plus important et pas seulement pour les plus dangereux.

M. PINEAU : Cette loi s'est construite une nouvelle fois sur l'exploitation de l'évènementiel, sur la culture du compassionnel, sur des volontés politiques, qui montrent au brave citoyen qui s'inquiète de voir ces monstres traîner dans les rues, que l'on prenait en compte sa problématique et que l'on allait trouver des solutions. Donc le problème est moins la qualité de la réponse, que l'existence d'une réponse. La gestation de cette loi, c'est encore une fois sur des impératifs politiques, sur des enjeux de programmes électoraux. Après, il y a au moins un bien dans tout cela, c'est que l'on ne stigmatisera plus la responsabilité d'un homme, ce pauvre juge d'application des peines lorsqu'un nouveau fait divers apparaîtra, car il en apparaîtra toujours. Il faut arrêter de faire croire aux gens que le risque d'insécurité zéro peut exister. Il n'existe évidemment pas. La nature est ainsi faite que les comportements les plus violents ne seront jamais en totalité prévisibles.

Que pensez-vous de cette volonté — certains parlent d'une utopie — de parvenir à une société du risque zéro, ce souhait d'éviter toute prise de risque ?

M. BONDUELLE : C'est la philosophie qui est à l'œuvre, on est bien d'accord. Ce n'est même plus la tolérance zéro qui était déjà philosophiquement, moralement et juridiquement condamnable à notre sens, mais c'est le risque zéro par une anticipation. Cela n'existe pas ! Les professionnels que vous pourrez voir vous le diront tous. La criminalité, la délinquance sont inhérentes à l'espèce humaine. Par définition, toute règle est faite pour être violée. Évidemment, on souhaite tous qu'elle le soit le moins possible pour le bien-être du plus grand nombre.

D'ailleurs, la politique pénale actuelle ne tend plus à éradiquer le crime, mais à le ramener à un seuil acceptable.

M. BONDUELLE : Le problème c'est de savoir où l'on met ce seuil. C'est le problème plus général de l'équilibre propre aux sociétés démocratiques. Quand on est en démocratie, il y a un équilibre nécessaire entre l'exigence de sécurité et l'exigence de liberté. Ce qui est quand même flagrant pour nous, et bien au-delà de la rétention de sûreté, mais sur un tas de textes, c'est que l'équilibre est rompu. [...] Il y avait un vieux principe des Lumières qui était qu'il vaut mieux un coupable dehors qu'un innocent en prison. Là, on renverse complètement la chose, et c'est mieux vaut dix innocents en prison qu'une personne, même pas coupable, mais qu'un potentiel coupable dehors. C'est un tournant historique !

✸✸✸

M. PINEAU : [...] Quelle société on veut ? Veut-on une société où l'on enferme définitivement ? Dans les grands courants de pensée politique, on est à un tenant de la théorie selon laquelle l'homme est fondamentalement mauvais, que c'est la société qui le sociabilise, et que ceux qui ont échappé à ce processus de socialisation, ne seront que des êtres à l'état naturel qui seront toujours portés à faire du mal à leur prochain. C'est du déterminisme, c'est le criminel-né, c'est l'irrécupérable, et donc on décide, parce que c'est le modèle social dont on rêve, d'enfermer *ad vitam aeternam*. Et l'on cache en réalité la philosophie du système en faisant croire que l'on est sur de l'analyse. On n'est pas sur de l'analyse, on est sur une théorie. Ou alors on pense que l'homme est fondamentalement bon, et qu'en tout cas il sera porté à s'amender lorsqu'il a été moins bon à un moment donné de son existence, on croit que l'âme humaine est plutôt positive que négative, et on ne sanctionne que lorsque le comportement dangereux a été avéré. Je pense que cela se résume à un choix philosophique finalement.

Ne passerait-on pas, comme l'a dit Robert Badinter, d'une justice de responsabilité à une justice de sûreté ?

M. PINEAU : Oui, bien sûr ! C'est exactement cela ! Et puis, au nom de quoi, encore une fois ? Au nom de théories que moi, je ne peux pas partager ou, pire, au nom de bas intérêts personnels de quête du pouvoir. En touchant tout le bois de la Terre, je prie je ne sais pas quoi, pour que jamais ce mal-là, qui parfois est dans l'âme humaine, n'atteigne ceux que j'aime, mais il n'empêche que j'accepte de prendre le risque, dans la société dans laquelle j'ai envie de vivre, que ce mal-là se manifeste à l'égard de mes prochains, plutôt que de choisir d'enfermer des gens qui ne le mériteraient pas et qui n'ont plus rien fait qui le justifie. Choix philosophique encore une fois, ou modèle social, comme on veut.

C'est ici le renversement du dicton qu'il vaut mieux un coupable en liberté qu'un innocent en prison.

M. PINEAU : Voilà, ou l'inverse pour ceux qui choisissent la rétention de sûreté et qui, en d'autres temps, étaient partisans de la peine de mort. La radicalité de la mesure est la même ainsi que la pseudo-analyse qui conduit à adhérer à cette mesure.

N'est-il pas difficile pour vous, en tant que service d'insertion et de probation, de résister à la pression sécuritaire et à cette volonté de tendre vers le risque zéro, en limitant les aménagements de peine ?

M. GUILLAUME : Le postulat de base, c'est que le risque zéro n'existe pas, et je crois qu'il faut situer dans un continuum les libertés individuelles et le risque zéro, selon le principe d'un curseur qui se déplace dans un sens ou dans l'autre. Cela veut dire que si l'on veut tendre vers ce risque zéro, mais je le répète, il n'existe pas, il faut abandonner ses libertés individuelles, il faut que tout le monde abandonne ses libertés individuelles, et à ce moment-là, on pourra tendre vers le risque zéro. Il y a un équilibre à trouver plutôt qu'un juste milieu, et c'est l'objet normalement, d'une décision judiciaire. Concernant la pression sécuritaire, elle existe évidemment, et elle existe parce que l'on a aussi, et c'est parfois oublié ou galvaudé, dans le suivi des personnes condamnées qui nous sont confiées, le souci de la victime et du corps social. La victime ne disparaît pas, parce que l'on n'est pas centré uniquement sur la personne dont on a la charge, la victime existe, et je dirais que le corps social existe aussi. Quand on émet un avis, en particulier en détention, mais même sur un passage devant le tribunal, c'est toujours sur l'intéressé dans la société, et l'on apprécie les risques. S'il y en a un, on essaie de trouver une solution pour réduire ce risque. [...]

La pression sécuritaire existe, car on est confronté à des politiques qui répondent malheureusement toujours à l'émotionnel, au factuel, et qui évitent autant que faire se peut, de prendre de la hauteur pour se positionner autrement. Que la victime et qu'un certain nombre de gens réagissent comme ils le font par rapport à des actes que l'on a commis, je trouve cela tout à fait normal. Ce qui l'est moins, c'est que l'on réagisse au quart de tour à cela. Le traitement de la délinquance, et en particulier de la criminalité, c'est quelque chose d'éminemment complexe, d'éminemment pointu, d'éminemment difficile, et j'imagine mal que l'on puisse le faire à chaud et en réaction à un élément. Cela ne peut pas être une bonne réaction et je doute que ce puisse être une bonne loi que de réagir comme cela, ou alors à imaginer que le projet est sous le coude, et que l'on attend l'accident pour le sortir.

S'agissant du deuxième problème sur la pression sécuritaire, je crois fondamentalement que l'on a une marge de manœuvre, professionnelle, que l'on peut utiliser, faire jouer. Elle nécessite une vraie confiance de tous les intervenants, c'est-à-dire de tous les gens qui se sentent concernés par cette dimension de la dangerosité d'une personne. Il faut entre les professionnels une confiance totale. Si l'on prend les psychiatres en particulier, les juges d'application des peines, les personnels d'insertion et de probation, on n'est pas chacun sur un bateau, on est tous dans le même bateau ; et je crois que cela ne pourra fonctionner, que l'on ne pourra faire entendre ce que l'on est, ce que l'on souhaite et ne pas se voir imposer cela, qu'à partir du moment où il y aura une confiance entre tous ces acteurs. Et ça, ce n'est pas gagné, parce que l'on est dans une situation où l'on subit une très forte pression. Donc le premier des sentiments, c'est de se replier de façon très corporatiste. Le deuxième, c'est d'ouvrir le parapluie. Les deux méthodes sont évidemment très périlleuses, car cela signifie qu'à un moment donné aussi on va être tout seul. Il n'y a que si l'on travaille tous ensemble qu'il y aura un vrai travail de fait, donc avec un risque professionnel. Cela consiste à être en capacité de dire : voilà, en tant que professionnel, comment je vois les choses. Après il y a tout un système de validation, d'avis à émettre etc., ce qui va faire que c'est une multitude d'avis qui vont donner un profil plus pertinent. Il ne faut surtout pas abandonner ce terrain-là, se dire que de toute façon, je n'y peux rien. Il ne faut surtout pas céder à la pression populaire. Si je dis : moi, je laisse le système en place parce que si, par hasard, il recommence, je vais me retrouver dans le journal, à ce moment-là je crois que l'on n'abandonne pas que là, on abandonne sur plein d'autres domaines. Là, effectivement, notre travail va devenir très particulier, pour ne pas dire va être vidé du sens pour lequel on a été créés.

***

M. BONDUELLE : Sur les deux philosophies libérale et déterministe, il y a un point commun : la société refuse d'assumer ses responsabilités. Dans le premier cas, ce n'est pas la faute de la société, c'est la faute de l'individu et seulement de l'individu. Dans le deuxième, ce n'est pas la faute de la société, c'est la faute d'une causalité qui n'est pas le choix de l'individu mais ses gènes etc. De toute façon, c'est toujours dans l'individu. La responsabilité de la société n'est jamais posée et donc, finalement, partant de ce postulat, on peut exclure de la société plutôt que d'avoir l'ambition de maintenir dans la société. C'est pour cela que c'est une philosophie de l'élimination sociale. [...] En réalité, il y a beaucoup plus de cas de gens qui ne récidivent pas que de gens qui récidivent. Le pari pour les psychiatres, comme M. Coutanceau, c'est de dire que l'on peut savoir qui va recommencer, qui seront parmi ces gens, les récidivistes, avec une probabilité d'erreur extraordinaire, alors que tout le système judiciaire est fondé sur l'idée de limiter au maximum le risque d'erreur. [...]

Mme RATEAU : De toute façon, ces gens ont été exclus de la société mais on n'a jamais pensé qu'ils allaient y revenir. Or, c'est inévitable, ils y reviennent ! Nous, on s'en réjouit. À partir du moment où ils reviennent, il y a tout un tas de choses à imaginer dedans et dehors. Il faut se dire que la détention, même quand elle est très longue, sera forcément un passage de leur vie et qu'il va falloir que, socialement, on les reprenne en charge à la sortie, parce que la peine c'est un temps d'exclusion de la liberté limité dans le temps et proportionnel à l'acte que l'on a commis contre la société. C'est ça une peine. Le problème de la rétention de sûreté, c'est que ce n'est pas une peine car ça ne correspond pas à sa définition légale et sociale et, en plus, ça ne répond pas aux problématiques que je soulignais, c'est-à-dire au vrai besoin des gens qui sont désinsérés pendant des années, 20, 30 ans, et que l'on doit prendre en charge, c'est notre obligation collective. C'est la société qui produit les criminels ! [...] Derrière cela, il y a aussi une intoxication politique et médiatique sur la fantasmagorie du crime. Le criminel est un humain qui a commis un crime, c'est un citoyen, ça, c'est un fait. Et là, le criminel c'est un « monstre ». Par monstre, on entend quelqu'un d'inhumain alors qu'il n'y a rien de plus humain qu'un crime, et on va le rejeter, l'exclure [...]. Ce processus-là, c'est un processus ni de réinsertion, ni de réhabilitation, ni de soin. D'ailleurs, il n'y a rien derrière. [...] Par contre, l'objectif c'est de les reléguer le plus loin possible et le plus de temps possible, de manière indéfinie pour ne pas faire peur à la ménagère de cinquante ans qui regarde Jean-Pierre Pernaut. C'est tout ! [...]

Je crois que derrière tout ça, il y a une idéologie vraiment, et il y a plusieurs visions de la société. Soit on est dans une société excluante, soit dans une société incluante. Et ça, c'est un choix de société qui ne doit pas se cacher derrière des soi-disant expertises. C'est un problème politique. Soit on accepte de vivre dans une société excluante, où la personne qui a un mauvais ADN, le trisomique, le pauvre, on ne s'en occupera pas, tout comme le vieux, l'étranger, le prisonnier, le criminel. Cela ne nous intéresse pas, ce n'est pas rentable donc on les exclut, on les cantonne. Mais je ne suis pas sûre que si ce projet-là est exposé comme ça, les gens y adhèrent, parce que c'est ça l'hypocrisie ! Soit on est dans une société incluante, et on pense justement que ces différences-là, on doit les compenser par un travail collectif, que ce soit un travail d'État ou un travail social, communautaire. C'est de la prévention et de la richesse. La manière dont on présente les victimes et les condamnés m'horrifie. Dans les prisons, dans ce qui s'y passe, il y a aussi des gens extraordinaires, des humains extraordinaires qui font des choses hors du commun parce que, justement, ils ont une vie hors du commun. Et ça on ne l'entend pas, on ne l'entend plus, on ne le visualise plus ! Il faut absolument retirer l'humanité à ces gens, parce que c'est plus simple comme ça de les exclure, de les juger etc. Quand vous êtes obligé d'être aux assises de la première à la dernière heure tardive, vous êtes obligé d'entendre que oui, il a assassiné une gamine dans un fossé ; en dehors de ça, c'était un très bon directeur de chorale, un très bon directeur d'école, un très bon mari, un très bon ouvrier etc. Cela arrive souvent et c'est vrai que c'est troublant. Et ça, on a oublié. Donc je crois que l'on a perdu aussi le sens de ce qu'est la justice, c'est-à-dire établir des faits objectifs de la manière la plus claire possible, mais aussi être confronté à une part de la société, à des gens qui sont totalement insérés, qui ne sont pas en dehors, qui sont dedans, et qui, pourtant, ont fait des choses qui ne sont pas tolérables. Et ça, on ne l'entend plus du tout. [...]

Il y a culturellement une tendance lourde en France là-dessus où l'on reconnaît l'ordre et la sécurité, mais on a beaucoup de mal à légitimer le travail social et la réinsertion, en tout cas pour des gens condamnés. Un condamné c'est infamant, il y a quelque chose de moral derrière. [...] Pour nous, il y a deux mouvements : le premier est la violation des principes hérités du XVIIIème siècle, c'est-à-dire la légalité et la proportionnalité des peines. On a oublié Beccaria, c'est vraiment très grave ! La rétroactivité, c'est énorme ! Après, il y aussi la délégitimation du travail social. D'ailleurs, les travailleurs sociaux dans leur mission d'Etat, font du contrôle et du travail social. Maintenant, il n'y a plus que le contrôle. C'est tout ! Pourquoi aiderait-on ces gens ? Pourquoi tenterait-on de les réinsérer alors qu'il y a déjà pleins d'autres pauvres dehors ? Il y a des pauvres libres, alors pourquoi aider les pauvres condamnés ? C'est horrible parce qu'il y a une concurrence entre les précarités d'une certaine manière. On voit bien comment elle est organisée. S'il n'y a plus de sécurité sociale, d'hôpital public ou d'urgences, on va dire aux gens : écoutez, on ne va pas donner des soins en prison alors que vous-mêmes, vous n'en avez plus ! Et là, c'est horrible !

✯✯✯

M. PAGE : Dans ces dispositifs-là, l'humain n'a plus la même place, car ce n'est pas ce qui est important. On ne regarde pas un individu et son évolution ; on regarde comment protéger un environnement de l'individu. Donc quand vous déplacez le centre de la préoccupation, évidemment, vous déplacez la manière dont vous abordez, dont vous allez lire le futur d'un individu. Vous ne vous posez plus la question de savoir ce que va devenir la personne, vous vous posez la question de savoir comment il va se comporter par rapport à la société qu'il va rencontrer ! Ce sont tous les principes fondamentaux du droit qui sont mis à mal, comme la présomption d'innocence ou l'individualisation de la peine.

Section 3. La confusion du traitement du responsable et de l'irresponsable et l'inévitable stigmatisation du malade mental

M. SENON : Dans le cadre de la procédure pénale, l'expert psychiatre a toujours eu un rôle. Le rôle premier il l'a eu pour séparer, dans le code de 1810, les malades mentaux des non malades avec la première idée, c'est qu'on ne punit pas celui qui est malade. Idée remise en cause par la rétention de sûreté, puisqu'il peut y avoir des mesures de sûreté s'appliquant au malade mental alors qu'auparavant le malade mental était du ressort du juge administratif, puisque c'est le Préfet qui prend le relais du juge pénal qui n'avait rien à voir avec ce qui se passait après. Donc, c'est déjà une remise en cause, alors que c'était là des principes républicains. Ce sont des principes qui sont des valeurs fortes de notre démocratie. L'idée de Pinel, Pinel était un révolutionnaire, était de dire que l'on ne punit pas un malade mental : le malade mental je lui enlève les chaines parce que je fais le pari que je peux le soigner. Et puis une grande idée qui est une valeur républicaine importante : celui qui a déjà été puni par la misère qu'il porte, par la maladie qu'il porte, la République décide de ne pas le punir plus. C'est une idée républicaine vraiment forte. Ça a le même poids, à mon avis, que Beccaria, que les idées de Voltaire et de Rousseau, que le pari fait sur l'homme, et que Saleilles avec l'individualisation de la peine. On punit un homme et on ne punit pas son acte, c'est quelque chose d'extrêmement fort, c'est une valeur de notre démocratie. Dans ce cadre là, le psychiatre effectivement, avec le code pénal de 1810, avait à trier et à dire, celui-là c'est un malade, il est assez puni, et on va lui donner des soins dans l'asile.

Le débat que l'on a actuellement face à la soi-disant insécurité populaire face aux malades mentaux, c'est de dire que l'asile ne garde pas à vie. Mais pourquoi ne garde-t-il pas à vie ? C'est parce qu'à l'époque de Pinel, on n'avait strictement aucun médicaments pour traiter une schizophrénie. Maintenant, quelqu'un qui est schizophrène en quinze jours est amélioré de ses troubles, en trois semaines, peut sortir [...]. Il est stabilisé et peut éventuellement sortir avec un suivi ambulatoire. Donc de dire que c'est injuste qu'il ne reste que trois semaines à l'hôpital alors qu'il vient de faire l'objet d'une déclaration d'irresponsabilité pénale, cette idée injuste est remise en cause parce que maintenant on dispose de thérapeutiques efficaces. La générosité républicaine de 1810, de Beccaria, c'est bien aussi dans la continuité de la justice de l'après-guerre et du modèle *welfare*. Dans le modèle *welfare*, on fait le pari sur l'homme, on fait le pari de la liberté conditionnelle, on fait le pari que l'homme est amendable et que l'individualisation de la peine doit être centrale. Alors qu'actuellement, on voit bien que l'on est en train de revenir sur ce modèle-là en disant qu'il est en faillite puisqu'il faut faire des lois spécifiques à la récidive. L'homme reste dangereux et le pari fait sur l'homme n'a plus lieu d'être. Il vaut mieux en revenir à une justice du crime et non pas de l'homme criminel.

Pour aller plus loin...

GARAPON A., SALAS D. (dir.), *La justice et le mal*, Paris, Odile Jacob, 1997.

KENSEY A., *Prison et récidive. Des peines de plus en plus longues : la société est-elle vraiment mieux protégée ?*, Armand Colin, Paris, 2007.

SALAS D., Pourquoi punir, *Journal Français de Psychiatrie*, n°13, p. 6.

SENON J.-L., MANZANERA C., Les malades mentaux sont-ils plus violents que les citoyens ordinaires ?, *L'information psychiatrique* 2006, n°82, p.645.

SENON J.-L., MANZANERA C., Troubles mentaux et prison, *AJ Pénal* 2007, p.155.

Chapitre 9. Penser les enjeux présents, ou comment éviter l'impasse ?

> « C'est dans le vide de la pensée que s'inscrit le mal ».
> Hannah ARENDT

À l'heure de conclure, que retenir de cette nouvelle architecture pénale ? Certainement que, s'agissant des commissions pluridisciplinaires, il convient de les faire fonctionner au mieux, même en désapprouvant les réformes législatives qui ont amené à leur création. Ces commissions semblent bien en prise avec une nouvelle conception de la pénalité qui prône désormais la surveillance et la gestion des populations à risque. Il est donc impératif que chaque acteur de la procédure joue le rôle de filtre en posant des garde-fous, afin d'éviter à tout prix l'effet « rouleau compresseur » de ces nouvelles procédures. Les Présidents de commissions sont également au fait de la fragilité du système, à l'instar de l'un d'entre eux, qui indique : « La commission n'est-elle pas là pour donner sinon une aide, au moins un alibi au JAP et au besoin de sécurité ? [...] Elle constitue un élément d'un édifice ambitieux, mais en fin de compte, peu sécurisant ».

Les commissions doivent désormais se préparer à l'entrée en vigueur de leurs deux derniers cas de compétence qui, semble-t-il, vont exacerber les premiers travers observés à l'occasion de leur fonctionnement actuel. Le risque d'un repositionnement sécuritaire de la commission ; le poids des expertises médicales dans l'évaluation de l'état dangereux ; l'existence d'une dangerosité *constatée* et non plus évaluée pour les cas les plus graves ; la pression médiatique, politique et professionnelle en cas de fait divers ; la levée de parapluie des différents acteurs et enfin, le risque d'une *validation* de l'avis de la commission par les juridictions, sont tout autant de risques à redouter, tant qu'il n'existera pas de « véritable contrat de confiance avec l'ensemble des professionnels de la prise de risque »[69].

Si les CPMS peuvent cristalliser les critiques, n'oublions pas que « si l'on en arrive à prolonger indéfiniment des peines qui ont été purgées, c'est que l'on n'a pas su, en amont, réfléchir à une meilleure adéquation de la peine et de son exécution »[70]. L'une des principales crises du système pénal réside dans la peine elle-même, actuellement en quête de sens. La fonction classique de rappel de l'interdit couplée au rôle d'amendement et de réinsertion sociale ne suffit plus. L'idée d'une peine en réponse à un acte commis apparaît illusoire face à la surexploitation du fait divers. Il faut défendre la société, et face à cette injonction populaire, l'État a de plus en plus de mal à assumer sa fonction régalienne uniquement par la peine. Le fait que nous soyons entrés dans « le temps des victimes »[71] n'y est pas étranger.

De fait, nous assistons aujourd'hui à un retour éclatant des mesures de sûreté qui semblent venir pallier les insuffisances de la peine. Mais est-on vraiment assuré de l'inefficience de celle-ci ? Ne préférons-nous pas, au contraire, agir dans l'urgence par des lois pénales magiques[72], destinées à apaiser le corps social et dénuées de toute réflexion sur l'architecture juridique préexistante ? Il est indéniable que le fait divers, en tout cas, tel que traité par les médias actuels, guide complètement notre politique pénale qui n'agit plus mais qui réagit au moindre effet d'annonce, et les exemples en la matière sont nombreux.

Il est donc devenu impératif pour la justice pénale de poser un constat : celui du déficit criant du sens de la peine. Le véritable enjeu est bien de repenser celle-ci, non seulement dans son utilité sociale, mais également dans son exécution. Il convient de redéployer les

---

[69] COUTANCEAU R. et ZAGURY D., *Le bien commun*, émission animée par Antoine GARAPON et diffusée sur France culture, émission du mercredi 3 décembre 2008.

[70] HERZOG-EVANS M., « La loi n° 2008-174 du 25 février 2008 ou la mise à mort des « principes cardinaux » de notre droit », *AJ Pénal*, 2008, p.161 et s.

[71] SALAS D., *La volonté de punir, Essai sur le populisme pénal*, Hachettes Littératures, 2005.

[72] DELMAS-MARTY M., *Le flou du droit*, Presses Universitaires de France, Collection Quadrige, 2004.

ressources humaines et financières en détention afin de les concentrer sur les individus les plus « dangereux », mais en incluant toujours un terme, excluant de fait la surveillance de sûreté et la rétention de sûreté, mesures potentiellement perpétuelles. Il s'agit ici d'une condition *sine qua none* pour que le condamné s'investisse dans un travail sur lui-même. Si effectivement, comme cela a été souligné dans nombre d'entretiens, un nombre extrêmement faible d'individus ont une structure psychique excluant, *a priori*, toute perspective d'évolution, ou qui nécessite un suivi post-sentential plus ou moins long, cela n'ébranle en rien l'idée que la peine est bien le foyer du changement social. Aujourd'hui, nous ne le voyons plus. Pire, nous refusons de le voir. Qu'importe ! Du moment que le droit à la sécurité des honnêtes gens, ceux qui se lèvent tôt[73], soit sauvegardé.

Des recherches enfin sur l'adaptation d'échelles actuarielles en France ou sur la construction de nouveaux prédicteurs sont une urgence absolue. Nous ne pouvons nous maintenir dans la critique de l'arbitraire clinique et adopter une hostilité de principe sur des outils, certes perfectibles, mais rationalisant quelque peu l'évaluation actuelle, pour le moins hasardeuse, de la dangerosité. Le concept de dangerosité s'enracinant dans le terreau fertile des nouvelles mesures de ce qu'il convient d'appeler la justice de sûreté, nécessite de construire des garde-fous. La spécialisation des avocats sur ces questions et l'essor parallèle d'une criminologie française permettrait d'éviter à tout prix les dérives kafkaïennes de ce système qui risque à tout moment de s'emballer.

---

[73] Expression empruntée à GARAPON A., « Un nouveau modèle de justice : efficacité, acteur stratégique, sécurité », *Esprit*, Novembre 2008, p.117.

Dans ce chapitre (par ordre d'intervention) :

Mme **BIANCHI**, avocate pénaliste

Mme **DESBRUYERES**, représentante du **Syndicat national de l'ensemble des personnels de l'administration pénitentiaire**

M. **PAGE**, Directeur du centre pénitentiaire de Nantes

Mme **JUSSELME**, Directrice adjointe du centre de détention de Nantes

Mme **BERHAULT**, Vice-Procureur près le Tribunal de grande instance de Nantes

M. **SENON**, professeur psychiatre

Mme **PICHON**, juge d'application des peines au Tribunal de grande instance de Nantes

M. **BEUZIT**, Président de la CPMS de Rennes

M. **GUILLAUME**, Chef de service au SPIP 44

M. **ZAGURY**, expert psychiatre

M. **MILLET**, psychiatre à la CPMS de Rennes, expert près la Cour d'appel de Rennes

Section 1. Le constat d'un déficit de sens de la peine, consécutif à la montée en puissance des mesures de sûreté

Actuellement, on assiste à un allongement des peines encourues, prononcées et exécutées, ce qui pose la question du sens même de cette contrainte sociale. Que reste-t-il de la peine face à la montée en puissance consécutive des mesures de sûreté ?

Mme BIANCHI : Très objectivement, le sens de la peine, à part les universitaires et quelques avocats, il n'y a pas grand monde qui s'interroge là-dessus. Je veux dire par là que les juridictions ordinaires dans l'immense majorité des cas qu'elles traitent, ne se préoccupent pas tellement du sens de la peine. Allez un jour à une comparution immédiate à Paris qui démarre à 13h30, quand l'audience du matin n'a pas pris du retard, et qui peut se terminer à 4h00 du matin, au bout de je ne sais combien de dossiers. À quel moment on s'interroge sur le sens de la peine ? Le seul moment où l'on s'interroge un peu, c'est aux assises. Mais les assises sont un peu comme l'instruction, c'est un faible pourcentage. Donc le sens de la peine, c'est quand même quelque chose d'assez peu utilisé. Quand on y réfléchit, c'est surtout après, au niveau de l'application des peines, davantage qu'avant. C'est vrai que le sens de la peine est déjà tellement difficile à déterminer au niveau de l'audience, tellement difficile d'en discuter avec les personnes qui sont concernées, que si en plus on vient les perturber en allongeant les choses, en ajoutant des soins lorsque ce n'est pas adapté à leur cas, le sens de la peine se dilue.

On a vraiment l'impression que le but rédempteur de la peine a disparu. Le travail de la peine est complètement écarté, et dans cette quête illusoire du risque zéro, il faut trouver une solution pour la sortie, avec des mesures de surveillance. On porte le regard directement sur la fin de peine et on en abandonne son objectif initial.

Mme DESBRUYERES : Oui, je suis totalement d'accord avec cette analyse-là. À ce moment-là, la peine ne sert à rien !

Les mesures de sûreté prendraient d'ailleurs le pas sur la peine.

Mme DESBRUYERES : Oui, complètement ! [...] On doit donner du contenu à la peine, on doit orienter la peine, on doit faire des propositions d'aménagements de peine. Moi, je dirais presque que quelqu'un qui est évalué comme ayant un risque de récidive, c'est peut-être lui qu'il faudrait sortir en libération conditionnelle de manière prioritaire ; parce que ce Monsieur-là, il ne faut peut-être pas qu'il sorte en sortie sèche après 15 ans de détention. Il faut peut-être qu'il se passe des choses pour lui, à l'intérieur et à l'extérieur, sous contrôle de la peine qui continue à s'exécuter en milieu ouvert. Donc la question : pour quoi faire ?, pour moi, elle est essentielle. C'est-à-dire que si l'on évalue le risque de récidive à la fin des 15 ans et que l'on dit : pas de pot, encore dangereux !... Ça me fait penser au dessin de Charlie Hebdo, au moment de la rétention de sûreté. Il s'agissait d'un monsieur qui était condamné pour des faits de viol ou agression sexuelle, dessiné dans sa cellule, tout seul. Il se masturbe. Il y a plusieurs dessins, toujours le même, sauf qu'au fur et à mesure, il vieillit et continue de se masturber. Et au bout d'un certain nombre de dessins, donc après des années passées, il y a un surveillant qui rentre, et qui dit : « Toujours aussi dangereux ? » et hop, il referme la porte. Mais c'est exactement ça ! Si on intervient à la fin de la peine et que l'on estime que la personne est encore dangereuse, du coup, on est passé complètement à côté. [...]

Il y a une philosophie qui est complètement contraire à celle du système pénal actuel, qui est de dire qu'il y en a certains qui, dès le départ, sont mis sur la touche. Ils ne sont pas réinsérables et ces gens-là, il n'y a rien à faire pour eux. Donc le but c'est de les maintenir, de les contenir, avec les mesures de sûreté, le PSEM, etc. Il faut les contrôler un maximum, et un maximum de temps, pour éviter quelque chose. Mais il n'y a plus du tout cette idée de donner du sens à la peine, sur l'idée de revenir sur un acte, d'avoir tout un travail éducatif sur un acte, une réflexion et un travail sur ses causes, la prise en compte de l'autre, de la victime, sur la projection de ce que l'on va faire de l'avenir. Là, on voit bien que l'on n'est plus dans cela : on contient quelqu'un dont, de toute façon, dès le départ, on pense qu'il n'y a rien à faire. Donc, il y a quand même un tri qui est très grave, surtout que cela repose sur des critères qui sont sacrément contestables, par rapport à des méthodes d'évaluation qui n'existent pas.

Que reste-t-il de la peine sur des profils type délinquants sexuels, où l'on sait très bien qu'il y aura des mesures de sûreté après ?

M. PAGE : Je trouve que c'est assez déstabilisant, comme processus, parce que l'on a volontairement oublié que sur les peines les plus longues, donc par définition sur les crimes ou délits les plus graves, là où il y avait des mesures de libérations conditionnelles significatives accordées, c'est là où l'on trouvait le plus fort pourcentage de reprise et de capacité à pouvoir réintégrer les règles de vie de la société. Je sais bien qu'au départ, on dit que c'est parce que cela porte sur un petit nombre, parce que l'on sélectionne les personnes qui sont le plus apte. Oui ; il n'empêche que ces mêmes individus, s'ils avaient été replacés aujourd'hui dans le contexte dans lequel on est, on ne pourrait même pas tenter de faire en sorte de bâtir un parcours d'aménagement de peine qui leur donnerait une chance. À la limite, que ces dispositions-là puissent exister pour des individus qui ont récidivé, où l'on fait le constat qu'il n'y a pas de capacité de l'individu à pouvoir réintégrer les règles de vie en société, comme le cas de Francis Evrard, pourquoi pas. Mais on va dire, il aura encore fallu attendre une énième victime pour... Mais ces dispositions-là, elles ne signifient pas qu'il n'y aura pas de nouvelles victimes. C'est intellectuellement erroné que de mettre les deux choses en balance en disant : vous voyez bien que les mesures d'aménagement de peine, pour un certain nombre de délits et de crimes, il n'y a pas de possibilité d'amendement, donc il faut protéger la société. Je trouve qu'il y a quelque chose là, qui gomme quand même pas mal d'éléments du raisonnement en termes de sens de la peine.

Mme JUSSELME : C'est aussi, du coup, ne pas intégrer ce que génère la prison. Finalement, la prison a son organisation. Elle crée, non pas un confort pour les détenus, mais une espèce de carcan. Elle réveille tous les matins, elle fournit le repas, elle est très rassurante par sa vie collective. Les détenus le disent : si je veux aller chez le médecin, je n'attends jamais. La prise en charge ici est plus rapide que ce que vous pouvez connaître à l'extérieur. Je suis quelqu'un, je ne suis pas un anonyme. Ici on me croise, les surveillants connaissent mon nom, je connais les noms de tout le monde. Du coup, pour les longues peines, c'est aussi je pense, balayer ce qu'est une sortie pour eux. On ne sort pas de 15 ans de détention comme ça. J'étais encore à une audience, avec une personne qui m'expliquait toutes ses angoisses à l'idée de sortir. Il me disait : j'ai eu une permission de sortir l'autre jour, et je n'arrivais pas à mettre des sous dans l'horodateur. Je suis passé pour un crétin parce que je n'y arrivais pas. […] À travers ces exigences sur la sortie et sur les limites qui sont posées, c'est ne pas tenir compte de ce que l'administration pénitentiaire génère.

Et puis si l'on ne donne pas d'espoir aux détenus, on n'en donne pas non plus aux familles. Les épouses peuvent se projeter, en disant : je t'attendrai 20 ans, mais après ? Je t'attends 22 ans. Oui, mais après ? C'est sûr ou non ? Les familles sont encore plus attentives à la fin de peine que les détenus eux-mêmes. On met tout en œuvre pour que les détenus se retrouvent complètement isolés.

Ce qui est contre-productif, car on sait que le maintien des liens familiaux est important.

Mme JUSSELME : Oui, c'est quand même quelque chose qui tient, qui permet d'éviter une récidive, qui permet d'être contenant et puis cela permet de donner un but. Donc effectivement, à partir du moment où il n'a plus de famille, quel est son intérêt de monter un projet ? Comment va-t-il réussir s'il n'a pas d'hébergement, pas de métier après 15 ans de détention, s'il n'est pas un peu accompagné par des gens qui l'affectionnent ? Donc effectivement on écarte, mais on écarte sur une présomption.

Que pensez-vous de l'assertion de Robert Badinter, selon laquelle nous serions passés d'une justice de responsabilité à une justice de sûreté ?

Mme DESBRUYERES : Cela résume bien ce que je disais tout à l'heure, à savoir que l'on n'est plus sur les mêmes fondements de la punition. Effectivement, on passe d'une justice de responsabilité, où l'on pose une peine par rapport à un acte commis, à une justice de sûreté, dans laquelle on prévient un acte à tout prix et au mépris des libertés individuelles. […] Alors, qu'il y ait des gens qu'on libère sans savoir si un jour ils recommettront un acte grave, je ne peux pas dire l'inverse, c'est possible. Mais n'est-ce pas quelque chose qu'il faut accepter ? C'est difficile de dire cela, et c'est dur de le dire à une association de victimes, à quelqu'un qui a déjà vécu un acte grave etc., mais c'est bien le système de légiférer. C'est qu'à un moment donné, il faut prendre des décisions courageuses, et là, pour le coup, ce n'était pas une décision courageuse à prendre puisque la décision courageuse a déjà été prise à la Révolution française.

***

M. PAGE : Moi, je vois dans ces mesures-là, l'incapacité de la société à poser ce que représente la prison pour elle, et ce qu'est aujourd'hui le sens de la peine. Comment serait-il possible qu'une personne qui a fini d'exécuter sa peine soit plus réceptive à des mesures d'accompagnement et de traitement en étant sous mesure de sûreté qu'elle ne l'aurait été tout au long de son incarcération, entourée par des professionnels, dont les missions sont justement de travailler sur la culpabilité, sur l'accompagnement et sur les perspectives ? Plutôt que de bâtir de nouveaux dispositifs, il eut été préférable de s'interroger sur les conditions de prise en charge des personnes en détention. Je n'ai vu aucun écrit, aucune réflexion, aucune prise de parole permettant d'expliquer que si ce n'est pas possible en détention, ce sera en revanche possible au titre de la rétention de sûreté.

Sauf à considérer que la surveillance ou l'éloignement de la mesure de sûreté n'aura pas le même objectif que le travail de réinsertion qui sera effectué pendant la peine ; on ne serait alors plus sur le même registre.

M. PAGE : Oui, mais même si l'on reste sur cette logique-là, pourquoi ne pas mettre en priorité les moyens au nom de la réhabilitation ou de la reconstruction de l'individu ? C'est poser la question de la place de l'être humain dans la société. On est sorti, fort heureusement, de la peine de mort, de l'élimination, de la relégation, du bagne etc. Mais on met en place un système qui élimine, même si c'est éventuellement temporairement, l'individu d'une vie en société, au nom d'un risque potentiel de passage à l'acte, ce qui n'est pas sans poser de question sur le sens des missions que la société confie à l'institution carcérale.

Vous êtes le défenseur de la première personne placée sous surveillance de sûreté. N'a-t-il pas été difficile pour votre client de se voir rajouter, en fin de peine, une nouvelle contrainte sociale ? N'y a-t-il pas un risque d'anéantissement du travail social par la perspective de mesures qui se rajoutent, rétroactivement, à la fin de leur peine ?

Mme BIANCHI : En l'espèce, la question ne s'est pas posée parce que l'on a imposé une mesure de surveillance de sûreté à une personne qui était en hospitalisation d'office depuis trois ans et qui ne comprend rien à ce qui lui arrive. Je ne sais même pas ce que cela avait pour objectif...

Vous avez indiqué dans le journal *Le Monde* qu'il s'agissait d'un « désastre psychatrico-pénitentiaire ».

Mme BIANCHI : Absolument ! Parce que cette personne n'a jamais été prise en compte avant. C'est quelqu'un qui a un vrai problème psychiatrique et qui n'a pas été traité en détention parce qu'il a refusé les soins. Donc, on s'est retrouvé en fin de peine avec une personne dont on ne savait que faire, qui n'avait pas été traitée psychiatriquement et dont l'administration pénitentiaire n'avait pas pris la mesure du fait qu'il sortirait un jour, puisque c'est une peine à temps. Donc, ni la psychiatrie, ni la pénitentiaire n'ont pris en compte le fait qu'on le sortirait et que cela arriverait un jour, pour faire que cette personne sorte dans les meilleures conditions possibles. Donc, je me retrouve un jour à plaider devant la juridiction régionale de la rétention de sûreté pour quelqu'un que je viens de rencontrer, parce que je ne suis pas allée le voir à l'hôpital psychiatrique et que j'ai été désignée 5 jours avant par mon bâtonnier. Je le rencontre mais de toute façon, il n'y a quasiment pas de dialogue possible parce qu'il est sédaté comme ce n'est pas permis, parce qu'on a dû l'amener au tribunal et comme il faisait peur à tout le monde, on a dû, sans doute, doubler les doses, parce qu'il est encadré d'un suivi psychiatrique, et enfin parce qu'il est mutique et prostré. Donc je dirais que là, la souffrance supplémentaire qu'on lui inflige, quelque part, fort heureusement, je ne suis pas sûre qu'il s'en rende compte. Ce ne sera pas le cas de tous ceux à qui on préconisera ce type de mesures. Effectivement, c'est vrai qu'on le voit dans les maisons centrales, le désespoir de ceux qui n'ont aucun espoir de sortir, ou qui ont l'impression qu'au fur et à mesure qu'ils franchissent les obstacles, on leur remet des obstacles. En fait, on change les règles du jeu au fur et à mesure. Mais ce n'est pas un jeu, c'est la vie. C'est la vie des gens, et c'est psychologiquement et psychiatriquement inacceptable ! Pour moi, cela relève de l'article 3 [*de la convention européenne de sauvegarde des droits de l'homme et des libertés fondamentales*]. C'est un traitement inhumain et dégradant ! C'est de la torture ! Il n'y aura plus de travail possible. [...] C'est déstructurer des gens qui sont déjà, pour bon nombre d'entre eux, déstructurés pour des causes sociales ou psychologiques. Je trouve cela d'une cruauté assez ignoble !

Vous dites, à juste titre, que l'on change les règles du jeu, dans la mesure où toutes ces réformes sont rétroactives.

Mme BIANCHI : Oui ! Tout à fait ! C'est pour cela que je disais auparavant que l'on est, à mon sens, dans le non-respect de la Constitution et des engagements internationaux de la France. Dans quel cadre nous situons-nous par rapport à la Convention européenne ? Je trouve quand même que nous sommes un peu limite, voire plus que limite.

Section 2. Le fonctionnement de la nouvelle architecture pénale entre les mains des professionnels : entre théorie et pratiques

Mme BERHAULT : On est quand même sur des cas lourds ! [...] Là, on se pose beaucoup moins d'états d'âme une fois que l'on a lu les faits commis. Quand on est dans le vif du sujet, les questions se posent différemment qu'en théorie purement intellectuelle. Après tout, cela doit être mesuré en termes de droits, de libertés et c'est là tout l'intérêt du travail. Mais il faut aussi voir la réalité des faits commis, de l'individu, comment il pense, pour aussi mieux comprendre à quoi finalement tout cela peut servir. Est-ce que c'est simplement pour un affichage et que l'on ne peut rien faire, ou est-ce que ça peut avoir une utilité ? [...] Tout doit être, à mon sens, individualisé et non systématisé, c'est là tout le débat. [...] Il ne faut pas non plus se voiler la face sur des questions d'individus extrêmement dangereux. Et est-ce que cela peut être l'équilibre qui peut être trouvé ? Pourquoi pas si c'est bien utilisé ? Attendons et voyons les cas qui relèvent vraiment de cela. Après, il faut être aussi dans une réalité sur certains cas. [...]

En même temps, est-ce qu'il faut, par cette philosophie-là, se dire : on ne peut pas les enfermer, tant pis on laisse le loup au milieu de la bergerie ? C'est aussi une question de responsabilité. Ce sont des choses qui ont beaucoup questionné, heurté. Maintenant, la loi est là, on examine. Comment peut-on faire avec ? Essayons de faire quelque chose qui ne soit pas scandaleux mais qui soit aussi efficace. Moi, c'est l'objectif que j'aurai.

***

M. SENON : Si au moins la commission est l'occasion pour tous ceux qui travaillent en milieu pénitentiaire de se dire : ce n'est pas possible que quelqu'un sorte sans rien ; et que deux ans avant une peine de 12 ans, de 15 ans ou de 20 ans, on doit tout faire pour analyser les ressources éducatives, environnementales et sociales possibles, voir les repères de quelqu'un qui sort et qui de toute façon est perdu à sa sortie de l'établissement, perdu. [...] J'ai eu je ne sais pas combien de décompensations délirantes, psychotiques, de personnes qui étaient complètement déstructurées en mettant les pieds dehors, qui étaient effarées par le bruit, par le mouvement, par le changement complet de la cité qu'ils ne reconnaissent plus et qui en arrivaient à être dépersonnalisées avec une décompensation psychotique. Si cet élément-là n'est pas pris en compte, si la sortie n'est pas préparée correctement, on sait très bien que l'on aboutit à un fort taux de récidive. Il faut inciter à un travail de préparation de la sortie qui soit extrêmement rigoureux.

***

Mme PICHON : Je crois que, de toute manière, là, on a des outils qui ont été créés, ils commencent à fonctionner. Il ne s'agit pas de se demander si on pourrait les changer ? Il faut déjà voir comment ils fonctionnent et essayer de les appliquer avec bon sens et intelligence. Après, évidemment, on peut faire toutes les réformes que l'on veut. On pourrait supprimer la rétention de sûreté si on y est hostile [*rires*], mais en tant que magistrats, nous ne sommes pas législateur. On doit être à notre place. Par contre, on doit essayer de les faire fonctionner avec déontologie, avec parcimonie. Je crois que toutes ces mesures sont des contraintes sociales considérables, donc il ne convient pas de les généraliser. [...] En tout cas, je pense que nous devons continuer à travailler avec des exigences et pas uniquement avec des formulations d'expertises, d'autres sortes d'exigences en lien avec notre dossier, en lien avec notre expérience. [...]

On a eu des outils qui ont été créés quand même assez récemment par la loi de 2005. La surveillance judiciaire, le PSEM, le suivi socio-judiciaire qui finalement n'est pas effectif sur les longues peines depuis longtemps. C'est dommage que l'on n'ait pas laissé suffisamment de temps à ces outils pour faire leurs preuves. Ils sont à peine créés, les PSEM commencent à peine à être prononcés, que l'on dit déjà que ce n'est pas suffisant et que l'on créé des mesures de sûreté bien plus sévères. Donc là, c'est un vrai regret, un vrai regret ! Cela remet un peu en cause la légitimité de ces nouveaux textes, puisque l'on ne peut pas dire qu'il n'y avait pas les outils, on les a à peine essayés ! Cela pose un souci en termes de ce que l'on a pu apprendre en droit pénal, en procédure pénale ; c'est-à-dire, l'enjeu fondamental c'est le passage devant une juridiction de jugement qui pose les limites, qui dit jusqu'où ça va, et jusqu'où ça ne va pas non plus. Là, finalement, il y a cet espèce d'aléa considérable qui permettrait, quelque soit la décision de la Cour d'assises, même si elle a considéré qu'une peine à temps était suffisante à l'égard de l'individu, de le suivre pendant une éternité et éventuellement de le mettre à l'écart pendant très longtemps. Quel sens a, à ce moment-là, le passage devant une juridiction de jugement ? On n'a pas été formaté comme ça. [...]

Le problème, c'est si chacun ouvre le parapluie. Si la Cour d'assises ouvre le parapluie, si le parquet ouvre le parapluie, si le juge ouvre le parapluie, si la commission ouvre le parapluie, alors là c'est terminé ! C'est terminé ! Je pense que le système va être ce que chacun va en faire.

∗∗∗

M. BEUZIT : Mon sentiment c'est que dans tous ces dispositifs, l'idéal c'est une progressivité dans les réponses. La surveillance judiciaire, c'est un exemple concret : le texte nous dit qu'elle est limitée dans le temps, parce que ce serait complètement délirant de mettre quelqu'un sous surveillance judiciaire toute sa vie et de dire on verra.

Sauf que cette surveillance est potentiellement perpétuelle.

M. BEUZIT : Alors là, si l'on arrive dans ce cas-là, il faut quand même se dire que le nombre de personnes que cela concerne est quand même restreint. Déjà, quand on parle de surveillance judiciaire, on n'a pas non plus à traiter des centaines de cas. Et puis, si l'on en arrive à la rétention de sûreté ... on pourrait souhaiter qu'il n'y ait pas de cas, ce serait l'idéal ; mais, s'il y a quelques cas rarissimes, il faudra voir.

✳✳✳

M. PAGE : Le point de vue que l'on va formuler sur un individu est moins en lien avec son parcours, ses évolutions, ses efforts, la problématique d'une prise en charge sur le plan du soin ou autre, que dans une logique de risque que l'individu est susceptible de faire courir à la société. Je ne dirais pas que l'on est dans le procès d'intentions, parce que ce n'est pas cela, mais on ne voit plus l'individu de la même manière. J'ai été frappé par la différence qu'il y a aujourd'hui à aborder la lecture d'un réquisitoire dans la logique aménagement de peine - perspective d'insertion, et la lecture de ce même réquisitoire dans une logique de récidive. En fait, vous modifiez complètement la perception. Les mêmes mots, les mêmes conclusions, les mêmes analyses, peuvent conduire à des résultats radicalement différents. C'est l'ambiguïté de ces nouvelles dispositions législatives. C'est compliqué, car on n'est plus sur du rationnel, on est sur du subjectif, et quand on est sur du subjectif, tout est possible !

✳✳✳

M. GUILLAUME : Concernant le sens de notre travail, je vais citer l'exemple le plus frappant, celui du bracelet électronique d'une personne qui est arrivée. Je ne porte pas d'avis sur le fait qu'elle ait ou non un PSEM, là on a dépassé ce débat-là. Le travail qui a été fait par mes collègues, conseillers d'insertion et probation, alors que l'on était tous opposés aux mesures de sûreté, on considère, comme je vous le disais que ce n'est pas de notre ressort. On est contre, et en plus on est contre le fait que ce soit à nous de les suivre, on fait un *package* ! D'ailleurs, on les suit car personne n'en a voulu. C'est dommage. Mais ce qu'il y a, c'est qu'ils ont fait un vrai travail avec la personne. Elle est arrivée les mains dans les poches. Elle est sortie avec un nouvel hébergement, un travail, puis reprise d'une vie avec quelqu'un, puis déménagement etc. S'agissant des soins psys, pas de problème, bref un vrai travail. Sauf qu'à un moment donné, au bout d'un peu plus d'un an, on a fait le tour de la question. Tout ce qui était de ce que l'on peut considérer comme les piliers d'une remise dans le circuit social existent, ils sont là. À quoi sert-on ? [...] On ne sert plus qu'à une chose : vérifier que l'intéressé continue à être au boulot, à être chez lui et aller voir un psy sachant que l'on ne sait pas ce qui s'y passe. On est à côté de ce pourquoi on a été créés. Nous ne sommes pas le service compétent. Donc après, on essaye de donner du sens à une mesure qui, à mon avis, n'en a pas. [...] Je ne vous raconte pas sur 10 ans, ou 15 ans !

Sur ces mesures-là, celui qui a été condamné par la Cour d'assises pour récidive, Francis Evrard, il a 63 ans. Il a été condamné à 30 ans, dont 20 ans de période de sûreté. Donc il sort à 83 ans au mieux, mais j'en doute fort. Il a 20 ans de suivi socio-judiciaire, donc 103 ans ! Je voudrais bien savoir quelle personne, quel métier pourrait travailler avec cette personne-là, de 83 ans à 103 ans. Je me demande. Une chose est certaine, je n'imagine pas que ce soit nous !

Ces mesures de sûreté où l'on ne voit pas de fin, qui peuvent être renouvelées sans limite, on n'y voit pas de sens. Et à partir du moment où nous n'y voyons plus de sens, on peut imaginer assez facilement que la personne que l'on a en face de nous n'en voit pas non plus. [...] Alors après, si l'on est un peu mal intentionné, on se dit que l'habillage consistant à confier les mesures de sûreté aux services d'insertion et de probation donne quand même un côté plus sympathique à la mesure, que de la confier à un service de police ou de gendarmerie, c'est tout. Sur le fond, il n'y a rien d'autre.

✳✳✳

M. ZAGURY : Je pense que le grand paradoxe, c'est quand les magistrats, les personnels de la pénitentiaire, les éducateurs, les psychiatres, tous les gens qui vont travailler avec ces sujets, perdent tout sens à accomplir leur travail. Cela n'a plus de sens. S'ils se vivent comme des agents de l'élimination pure et simple des sujets dangereux, ils changent de métier ! Non seulement le sens de la peine disparaît, mais aussi le sens du métier. On bascule dans un autre type de civilisation. [...]

Dans un de vos articles, vous expliquez qu'il est nécessaire qu'il y ait un contrat de confiance entre les différentes professions du risque, et que finalement, on ne percevrait que le risque négatif de réitération de l'acte, et jamais le risque positif de réhabilitation du détenu ?

M. ZAGURY : Absolument, oui. Ça j'y crois très fort. Que voit-on aujourd'hui ? On voit des politiques qui exploitent éhontément l'émotion populaire pour gagner des voix avant chaque élection. Si le juge d'application des peines est terrorisé, désigné comme bouc émissaire, il ne va pas faire son travail ! Notre travail est obligatoirement un travail de prise de risque. Donc chaque acte médical est un acte à risque. Le délégué de probation, le juge d'application des peines, l'éducateur, n'importe quel magistrat à n'importe quel bout de la chaîne est un professionnel du risque, puisqu'on leur demande de prendre des décisions. Donc, plus l'ensemble du système pourra prendre des risques rationnels, calculés, élaborés, plus ce travail collectif sera efficient. En réalité, mais ça, personne ne veut le dire, c'est qu'il y aura toujours des viols, il y aura toujours des meurtres. La vérité, c'est : est-ce que l'on sera capable d'avoir un poids réel qui fera véritablement baisser les taux statistiques ? Mais pas au-delà, car il y aura toujours un taux incompressible, mais ça on ne peut pas le dire parce que l'on fait croire aux gens que demain il n'y aura plus un viol, plus un meurtre, plus rien du tout. C'est du pur fantasme ! Mais cette réalité-là mérite un discours politique, un discours policier, un discours psychiatrique convergents, et c'est ça que j'avais noté. La différence avec le Québec, c'est que les politiques ont investi au long terme dans ces questions-là ; que les médecins, les policiers, les magistrats, tiennent le même discours, notamment que la libération conditionnelle est un système qui est toujours plus efficace que la sortie sèche etc. Et le rôle du politique est de contenir l'émotion, pas de l'exacerber, pas de la faire flamber, pas de dire : ce juge a fait n'importe quoi ; cet expert, comme d'habitude, croît au père Noël ; tous les psychiatres sont des imbéciles etc. [...]

Donc ce qu'il faudrait, plutôt qu'une certaine défiance entre les différents professionnels du risque, c'est de se dire : on prend le risque positif ?

M. ZAGURY : Absolument. Tandis que là, que se passe-t-il ? On est dans l'irrationnel, dans le coup par coup. À chaque fois qu'il y a un fait divers, on crie haro sur le baudet : c'est le juge qui l'a libéré, les psychiatres qui l'ont lâché dans la nature. Il faut aller voir sur Internet, il faut voir le niveau de haine qui est attisé politiquement, c'est incroyable ! Je n'imaginais pas à quel point ! Et il y a un phénomène nouveau, qui fait que la haine se dirige plus sur le psychiatre ou sur le juge, sur les professionnels du risque, que sur le sujet lui-même, et c'est très logique, à partir du moment où il est uniquement un individu porteur de risques. Il fallait le déceler, il n'est pas le sujet de son acte ! Il n'en est plus responsable, c'est nous qui le sommes.

Comment les avocats travaillent-ils avec le concept de dangerosité qui n'est pourtant pas nouveau ? Autant l'infraction serait bien identifiable, autant la dangerosité ne serait pas définie.

Mme BIANCHI : [...] Je crois que le rôle de l'avocat, malheureusement, s'arrête au juridique, ce qui est déjà bien [*rires*]. Je ne suis pas sûre qu'il y ait une réflexion de leur part sur le rôle social de l'avocat qui est de s'interroger sur la dangerosité de son client et sur des questions telles que : quand je plaide, quelle est ma responsabilité aussi par rapport à mon client, la juridiction, le sens de la peine...? [...] C'est vrai que demander l'acquittement aux assises quand le dossier ne permet pas de condamner le client et quand on ressent parallèlement à ça une dangerosité, subjectivement de toute façon, comment se situe-t-on par rapport à ça, en tant qu'avocat ? Je reconnais que c'est très compliqué, parce que cela pose un problème moral pour l'avocat. On peut résoudre le problème en se disant que l'on est avocat, et que la seule vérité que l'on connaisse est la vérité judiciaire. C'est plus confortable de se dire ça. Mais si le client que je défends, et pour qui tous les éléments du dossier ne permettent pas sa condamnation, me font penser néanmoins qu'il est dangereux, comment est-ce que je me situe ? Il y a une tension entre l'intérêt du client et ce que l'on peut ressentir de son éventuelle dangerosité, en application des peines *a fortiori*.

En tant que contrôleur général des lieux de privation de libertés, serez-vous amenée à contrôler les centres socio-médico-judiciaires ?

Mme BIANCHI : Bien sûr ! Tous les lieux de privation de liberté.

Aurez-vous le même regard que sur un centre pénitentiaire par exemple ?

Mme BIANCHI : Nous n'avons pas à juger de la validité de la loi, de son intérêt ou de son inconstitutionnalité. Tout ce que l'on sait, c'est qu'il y a des personnes détenues, retenues, gardées à vue, contraints psychiatriques, qui ont des droits fondamentaux. Ces droits fondamentaux sont les mêmes quelque soit où l'on se trouve, à partir du moment où l'on est privé de liberté. Le droit à la dignité est le même.

Dans les faits, la rétention de sûreté risque d'être une « vitrine ». Les critiques seront donc sans doute moins sévères vis-à-vis de ces locaux tout neufs que s'agissant d'un autre lieu de détention.

Mme BIANCHI : Oui, mais ensuite cela dépend de ce que l'on critique. Je pense qu'effectivement, du point de vue matériel, ce sera parfait. Mais il n'y a pas que le matériel. C'est vrai que c'est important d'avoir des cellules de taille raisonnable, qu'elles soient propres, d'avoir des toilettes séparées... Il y a tout un tas d'autres choses qui sont importantes également telle la liberté d'expression, la manière dont s'agence les relations avec l'extérieur, les relations entre retenus et surveillants. Tout cela relève du domaine de l'impalpable. [...] Donc je pense que l'on aura quand même à contrôler.

Section 3. Réflexions sur les études à mener : un enjeu démocratique

Pensez-vous qu'il soit possible de soigner des personnes en rétention de sûreté, sachant qu'elles ont déjà purgé une longue peine de prison et qu'elles auront, selon la réserve du Conseil constitutionnel, eu des soins durant cette période ?

M. MILLET : D'abord, vous soulevez la question du soin que l'on reçoit en prison. Moi je pense que l'on reçoit de mauvais soins en prison, et qu'il n'y a pas suffisamment d'évaluations qui sont faites. Je pense qu'en France, c'est un grand problème qu'il n'y ait pas de psychiatres spécialistes en psychiatrie médico-légale. Deuxièmement, c'est un grand problème que l'on ne puisse pas faire de recherches cliniques en prison. [...] Je suis frappé de voir que, particulièrement dans les SMPR et en prison, il n'y a pas d'évaluation, de recherche de bon niveau menée sur le retentissement, l'évolution des troubles de la personnalité justement, en prison. Pourquoi ? Parce que l'administration pénitentiaire n'arrive pas à s'entendre avec la médecine, pour finalement faciliter ce type de recherches. Du coup, les soins qu'il faut utiliser pour les personnes délinquantes, personne ne les connaît bien puisqu'ils ne sont pas évalués. Après, il y a de la littérature internationale là-dessus, c'est la raison pour laquelle il devrait y avoir des universitaires de psychiatrie légale capables de travailler pour savoir quels pourraient être les soins appropriés pour ces gens-là. Derrière, cela nous permettrait d'évaluer beaucoup mieux le risque de récidive et donc tous ces risques de dangerosité. Or, en fait, on fonctionne sur quoi ? On fonctionne sur des *a priori*, sur des choses un peu connexes, c'est-à-dire sur la lecture du psychiatre, ce qu'il sait, lui, de la population psychiatrique et de ce qui se passe dans le monde psychiatrique, mais qui ne répond en rien à la question de la dangerosité, de la problématique des délinquants qui n'ont pas été orientés vers la psychiatrie. Cela pose un problème. Et donc après, on va prévoir des centres de sûreté pour y faire quoi ? Pour les traiter comment ? C'est que l'on ne va pas en savoir plus 20 ans après.

Je pense qu'avant de parler de cela, il faudrait donner les moyens aux prisons et aux psychiatres travaillant en prison, de faire des évaluations et de bien travailler. Mais qui sont les psychiatres en prison ? Ce sont des psychiatres qui n'ont aucune compétence en évaluation, et qui, de toute façon, n'ont pas le droit de le faire. [...] Je trouve qu'après tout, il faut aussi répondre de façon sécuritaire, mais il y a probablement une meilleure façon de répondre, en disant : conduisons des études, scientifiquement et méthodologiquement validées, justement dans la prison en sachant exactement de quoi il retourne. Cela coûte de l'argent. Mais il vaudrait peut-être mieux mettre de l'argent dans ces études, plutôt que dans des centres de sûreté ! Mais la création de ces centres, c'est la résultante de quoi ? C'est la résultante de notre méconnaissance. [...]

Finalement, dans nos prisons, nous ne savons pas ce que nous faisons. Donc quand on ne sait pas ce que l'on fait, on regarde les faits et on se dit : voilà, dans le doute, quand on ne sait pas, on sanctionne. C'est le principe de précaution. C'est pour cela que je vous dis que je suis conservateur : quand je ne sais pas, compte tenu de ma responsabilité, je prends le principe de précaution et je fais en sorte de protéger les personnes sur lesquelles j'ai une responsabilité, que ce soit les personnes contre elles-mêmes ou contre les autres. Donc toutes ces choses-là, on ne sait pas y répondre. Ce ne serait pas très compliqué, mais c'est très lourd à mettre en place. [...]

***

Mme JUSSELME : Et puis nous, on est dans une relation humaine. Il faut bien que l'on puisse renvoyer quelque chose à la personne. Après, on peut lui dire : voilà, là ce que vous imaginez, c'est possible dans 5 ans. On est capable de renvoyer quelque chose. Quand vous n'avez aucune issue, effectivement, moi, ça me pose d'autres questions. Comment peut-on tenir ces personnes ? Vous avez évoqué tout à l'heure un peu à couvert le suicide et l'évasion, c'est tout cela ! C'est-à-dire que si les gens n'ont pas la possibilité d'avoir des ouvertures pour sortir légalement, ils vont choisir d'autres moyens.

***

M. SENON : Vous voyez, ce qui nous manque aussi beaucoup c'est d'avoir une hauteur, parce que l'on parle de quelque chose qui lamine nos démocraties. À savoir si l'on est attaché à la démocratie. Et qu'est-ce que cela veut dire la République ? Jusqu'à ce point-là, je suis persuadé qu'il y a des choses qui se jouent dans ce sens-là. Est-ce que les valeurs républicaines de 1789 restent les mêmes ? Est-ce que

Voltaire, Rousseau, Beccaria ont la même importance pour nous ? Ce n'est pas dissocié de notre représentation de la démocratie et de la République, et ce n'est pas dissocié de notre représentation citoyenne. On aurait tort de se centrer uniquement sur le droit ou sur la psychiatrie. On a besoin d'une hauteur, mais à un moment, on est piégé par l'importance des peurs, le sentiment d'insécurité et la nécessité de répondre aux électeurs ; et là, on perd de la hauteur.

Pour aller plus loin...

MBANZOULOU P., Quelles incidences possibles de la loi rétention de sûreté sur les pratiques professionnelles pénitentiaires ?, *AJ Pénal* 2008, p.400.

RAZAC O., Les ambiguïtés de l'évolution de l'application des peines à l'aune des «nouvelles mesures de sûreté», *AJ Pénal* 2008, p.397.

SALAS D., *La volonté de punir, Essai sur le populisme pénal*, Hachettes Littératures, 2005.

SENON J.-L., et MANZANERA C., Comment mieux répondre aux problèmes cliniques et médicolégaux actuels pour préserver une psychiatrie ouverte et dynamique ?, *Annales Médico Psychologiques*, n° 163, 2005, p.871.

ZAGURY D., «On lui demande d'apaiser un corps social en souffrance», propos recueillis par D. Saubader, *L'express*, édition du 18 juillet 2005.

Épilogue

Le 28 septembre 2009, Marie-Christine Hodeau, joggeuse de 42 ans, est retrouvée morte près de Milly-la-Forêt dans l'Essonne. L'enquête révèlera qu'elle a été violée. Un nouveau fait divers dont la presse, la justice et le politique vont se saisir avec une rapidité devenue habituelle. Il s'agit désormais de l'affaire dite du « récidiviste de l'Essonne ».

Présenté initialement le 5 novembre 2008 en Conseil des ministres, un nouveau projet de loi sur la récidive est inscrit d'urgence sur l'agenda parlementaire. La réaction au fait divers par une nouvelle loi est devenue un phénomène parfaitement évident, au point d'ailleurs que certains ne comprendraient pas que seule la justice intervienne. Ainsi, le 10 mars 2010, la loi n° 2010-242 tendant à amoindrir le risque de récidive criminelle et portant diverses dispositions de procédure pénale est promulguée. Depuis 12 ans, il s'agit de la cinquième loi sur la récidive. Après la création en 1998 du suivi socio-judiciaire, de la surveillance judiciaire des personnes dangereuses en 2005, des « peines plancher » en 2007, de la surveillance et de la rétention de sûreté en 2008, 2010 verra apparaître le dernier texte de ce que l'on pourrait déjà appeler un « marronnier législatif ». Notons que la procédure accélérée a été enclenchée sur ce projet de loi, comme c'est devenu malheureusement le cas pour de nombreux textes portant atteinte aux libertés.

Tous les éléments étaient une fois encore réunis pour faire germer la graine du populisme. « La synergie entre les trois facteurs que sont l'émotion de l'opinion, le discours politique et le récit médiatique »[74] devrait permettre, sans grande réflexion sur les outils

---

[74] SALAS D., *La volonté de punir, Essai sur le populisme pénal*, Hachettes Littératures, 2005, p.57.

juridiques préexistants, non encore appliqués pour certains, le vote d'une nouvelle loi de circonstance visant à amoindrir la récidive. Cette loi comprend deux types de dispositions[75]. Il y a tout d'abord celles qui élargissent le champ d'application des mesures figurant dans le code de procédure pénale. Ainsi, la surveillance judiciaire des personnes dangereuses pourra être prononcée à l'encontre de personnes condamnées à 7 ans d'emprisonnement (contrairement à 10 actuellement). La disposition votée par les députés permettant de prononcer une mesure de surveillance de sûreté dès le quantum de 10 années d'emprisonnement n'est pas reprise. L'article 723-29 du code de procédure pénale est également modifié[76] dans le sens d'un élargissement de la surveillance judiciaire dont la durée correspond désormais au crédit de réduction de peine *et* aux réductions supplémentaires de peine, alors qu'auparavant la durée était non pas cumulative, mais alternative.

La rétention de sûreté s'applique désormais à l'encontre des auteurs de meurtre, torture et actes de barbarie, viol, enlèvement ou séquestration lorsqu'ils sont commis en état de récidive contre des majeurs, alors que jusqu'à présent ces infractions étaient visées uniquement lorsqu'elles étaient « simples » contre les mineurs et aggravées contre les majeurs. La durée de la surveillance de sûreté passe quant à elle de 1 à 2 ans (renouvelable indéfiniment) et pourra être prononcée en cours d'exécution d'une surveillance judiciaire lorsque la personne s'est vue retirer toutes ses réductions de peines suite à la violation de ses obligations.

La rétention de sûreté pourra enfin être prononcée en cas de violations des obligations de la surveillance de sûreté ainsi qu'en cas de refus de placement sous bracelet électronique mobile dans le cadre d'une surveillance de sûreté. Le législateur réaffirme néanmoins le caractère subsidiaire de la rétention. Enfin, l'avis de la CPMS devient facultatif pour les PSEM.

---

[75] Pour une analyse de la loi, nous invitons le lecteur à se reporter à l'article de Martine HERZOG-EVANS, « La loi « récidive III » » : extension et aggravation de la « probation » obligatoire », *Recueil Dalloz*, à paraître.

[76] Article 10 de la loi n°2010-242 du 10 mars 2010 tendant à amoindrir le risque de récidive criminelle et portant diverses dispositions de procédure pénale, JORF n°0059 du 11 mars 2010.

L'autre versant de ce projet de loi voit la création de nouveaux dispositifs. Un fichier des personnes dangereuses, le répertoire des données à caractère personnel collectées dans le cadre des procédures judiciaires (RDCPJ), est ainsi créé. Le fichier est « destiné à faciliter et à fiabiliser la connaissance de la personnalité et l'évaluation de la dangerosité des personnes poursuivies et condamnées pour l'une des infractions pour lesquelles le suivi socio-judiciaire est encouru, et à prévenir le renouvellement des infractions. Le répertoire centralise les expertises, évaluations et examens psychiatriques, médico-psychologiques et pluridisciplinaires »[77] pour une durée maximale de trente ans. Les membres de la CPMS pourront y avoir accès dans le cadre de leur mission d'évaluation de la dangerosité.

Autre disposition qui paraît bénigne mais qui illustre parfaitement les propos de Denis Salas sur la présence étouffante de la victime, *a fortiori* dans la phase post-sententielle, un article 712-16-1 est inséré dans le code de procédure pénale disposant que « préalablement à toute décision entraînant la cessation temporaire ou définitive de l'incarcération d'une personne condamnée à une peine privative de liberté avant la date d'échéance de cette peine, les juridictions d'application des peines prennent en considération les intérêts de la victime ou de la partie civile au regard des conséquences pour celle-ci de cette décision ». Il ne s'agit pas tant d'une innovation que d'une tendance procédurale qui se confirme. D'ailleurs, l'article 712-16-2 prévoit que les juridictions d'application des peines pourront assortir la décision de cessation anticipée de l'incarcération d'une « interdiction d'entrer en relation avec la victime ou la partie civile et, le cas échéant, de paraître à proximité de son domicile de son lieu de travail ». Cette mesure devient même obligatoire lorsque la personne visée a été condamnée pour l'une des infractions graves faisant encourir la rétention de sûreté notamment. Et, comme si cela n'était pas suffisant, l'article 719-1 du même code, prévoit quant à lui, à l'instar de ce qui se pratique déjà de manière outrancière aux États-Unis, une communication de l'administration pénitentiaire aux services de police et de gendarmerie du lieu de résidence des personnes condamnées à une peine d'emprisonnement égale ou supérieure à trois ans, de leur identité et de leur adresse. Il existe dès

---

[77] Article 9 de la loi susmentionnée.

lors, un risque sérieux que la suspicion l'emporte sur le droit à l'oubli, la peine étant, rappelons-le, exécutée.

En outre, les condamnés pour crime sexuel qui refuseraient ou interrompraient un traitement antihormonal, pourront être sanctionnés par un retour en prison dans le cadre d'une surveillance judiciaire ou d'un aménagement de peine type libération conditionnelle, ou par le prononcé d'une mesure de rétention de sûreté. Les médecins auront ainsi l'obligation de violer le secret médical pour informer le médecin coordonnateur ou à défaut, le JAP directement, de toute interruption du traitement. L'arrestation pendant 24 heures par les autorités d'une personne qui viole les obligations auxquelles elle est astreinte (interdiction de paraître en certains lieux, de rencontrer les victimes) est également prévue. Le régime est ici, peu ou prou, similaire à celui de la garde à vue.

Enfin, cette loi entérine la décision du Conseil constitutionnel du 21 février 2008 prévoyant qu'un condamné ne peut se voir imposer une mesure de rétention de sûreté si aucun soin effectif ne lui a été proposé en prison.

Albert Camus notait très justement que le XXème siècle était le siècle de la peur. On peut assurément dire que le XXIème sera celui de la sécurité. Nous sommes aujourd'hui pris dans la tourmente utopiste du risque zéro. Le maelstrom de textes répressifs intervenus ces dernières années à un rythme effréné[78,] tendant à bannir de la vie sociale le moindre aléa produit en lui-même du danger. Robert Castel, s'appuyant sur le constat durkheimien de la constance du crime, expliquera parfaitement ce mouvement. « [...] Lorsque les risques les plus prégnants paraissent jugulés, le curseur de la sensibilité au risque se déplace et fait affleurer de nouveaux dangers. Mais aujourd'hui ce curseur est placé si haut qu'il suscite une demande complètement irréaliste de sécurité. Ainsi la « culture du risque » fabrique du danger »[79].

---

[78] MUCCHIELLI L. (dir.), *La Frénésie sécuritaire*, Editions La découverte, 2008.
[79] CASTEL R., *L'insécurité sociale. Qu'est-ce qu'être protégé ?* Editions du Seuil et la République des idées, 2003, p.60.

Il est urgent de prendre du recul sur l'architecture construite ces dix dernières années en matière pénale et d'évaluer ces nouveaux dispositifs qui s'entassent à l'image d'un millefeuille. Il semble finalement que les pratiques actuelles - entre interrogations et scepticisme - associées à une politique pénale dérégulée et agissant dans l'immédiateté, ne peuvent nous mener qu'à une impasse. La véritable problématique des moyens destinés à accompagner la sortie des détenus est à chaque fois éludée. Il n'est ainsi peut-être pas inutile de se demander avec le professeur Senon si la démocratie, envisagée sous le prisme des libertés publiques, a toujours le même sens aujourd'hui qu'en 1789. Il n'est pas si sûr qu'au cours de ces deux derniers siècles, la sûreté républicaine soit demeurée intacte. En mesurons-nous réellement l'impact ?

***

Nous voudrions terminer cette étude par une brève réflexion sur l'usage qui est actuellement fait du concept de dangerosité. « En mettant l'accent sur la « délinquance dangereuse » des milieux défavorisés, [la dangerosité] laisse dans l'ombre d'autres formes d'illégalismes plus directement associés aux classes dirigeantes [...] Cette image du « délinquant dangereux » contribue à laisser croire d'une manière artificiellement exagérée que la criminalité constitue l'une des préoccupations les plus cruciales de notre époque, laissant ainsi dans l'oubli d'autres problèmes sociaux plus fondamentaux, tels que la pauvreté et les inégalités sociales »[80].

---

[80] DOZOIS J., LALONDE M. et POUPART J., « La dangerosité : un dilemme sans issue ? Réflexion à partir d'une recherche en cours », *Déviance et société*, Volume 5, n° 4, 1981, p.392.

Liste des entretiens réalisés

Membres de la commission pluridisciplinaire de Rennes

M. BEUZIT, Président de chambre correctionnelle à la Cour d'appel de Rennes, Président de la commission pluridisciplinaire de Rennes - Rencontre le 04 mars 2009 à la Cour d'appel de Rennes

M. PARANTHOINE, Psychologue clinicien, expert près la Cour d'appel de Rennes - Rencontre le 09 mars 2009 à Rennes

M. BLOAS, Commissaire divisionnaire de police, représentant du Préfet - Rencontre le 09 mars 2009 à la Préfecture de région Bretagne, Rennes

M. BIDET, Adjoint au Directeur interrégional des services pénitentiaires, représentant du DISP - Rencontre le 29 avril 2009 à la Direction interrégionale des services pénitentiaires, Rennes

M. PINEAU, Avocat pénaliste - Rencontre le 29 avril 2009 à Rennes

M. ARION, ancien avocat, représentant d'une association d'aide aux victimes (S.O.S. Victimes 35) - Entretien téléphonique le 14 mai 2009

M. MILLET, psychiatre, expert près la Cour d'appel de Rennes - Rencontre le 20 mai 2009 à Rennes

Membre de la commission pluridisciplinaire de Paris

M. CASTEL, Président de chambre correctionnelle à la Cour d'appel de Paris, Président de la commission pluridisciplinaire de Paris - Rencontre le 09 avril 2009 à la Cour d'Appel de Paris

Autres Professionnels

M. PANNETIER, Président de la Cour d'assises de Loire-Atlantique - Rencontre le 12 mars 2009 au palais de justice de Nantes

M. BELAN, Substitut général près la Cour d'appel de Rennes - Rencontre le 16 mars 2009 à la Cour d'appel de Rennes

Mme BERHAULT, Vice-Procureur de la République, Tribunal de grande instance de Nantes - Rencontre le 31 mars 2009 au palais de justice de Nantes

M. SENON, Professeur psychiatre - Rencontre le 02 avril 2009 au centre hospitalier universitaire de Poitiers

M. BONDUELLE, magistrat instructeur, & **Mme RATEAU**, Vice-Procureur au Tribunal de grande instance de Rochefort, pour le **Syndicat de la Magistrature (SM)** - Rencontre le 10 avril 2009 à Paris

Mme DESBRUYERES pour le **Syndicat National de l'Ensemble des Personnels de l'Administration Pénitentiaire (SNEPAP-FSU)** - Rencontre le 10 avril 2009 à Paris

M. RAIMBOURG, Député de la quatrième circonscription de la Loire-Atlantique - Rencontre le 27 avril 2009 à Rezé

Mme PICHON, Juge d'application des peines au Tribunal de grande instance de Nantes - Rencontre le 28 avril 2009 au palais de justice de Nantes

M. ROUSSEAU, Avocat pénaliste, pour le **Syndicat des Avocats de France (SAF)** - Rencontre le 30 avril 2009 à Nantes

Mme HERIN & **Mme DELHAYE**, Juges d'application des peines, Tribunaux de grande instance de Caen et d'Argentan - Rencontre le 29 mai 2009 à Caen

M. ZAGURY, Expert-psychiatre - Rencontre le 01 octobre 2009 à Paris

M. COUTANCEAU, Expert-psychiatre - Rencontre le 02 octobre 2009 à Paris

M. GUILLAUME, Chef de service au Service Pénitentiaire d'Insertion et de Probation de Loire-Atlantique (SPIP 44) - Rencontre le 13 novembre 2009 au SPIP 44 (Nantes)

M. PAGE & **Mme JUSSELME**, Directeur du centre pénitentiaire de Nantes et Directrice adjointe du centre de détention de Nantes - Rencontre le 13 novembre 2009 au Centre pénitentiaire de Nantes

Mme BIANCHI, Avocate pénaliste - Rencontre le 23 novembre 2009 à Nantes

Index

A

ARION · 24, 28, 33, 34, 118, 123, 124, 207

B

BELAN · 24, 27, 66, 68, 80, 118, 120, 122, 127, 128, 207

BERHAULT · 24, 34, 66, 70, 80, 182, 189, 208

BEUZIT · 24, 27, 38, 46, 48, 66, 72, 100, 105, 107, 142, 152, 182, 191, 192, 207

BIANCHI · 24, 25, 39, 40, 46, 47, 66, 68, 73, 100, 102, 118, 123, 142, 146, 150, 153, 182, 183, 188, 189, 195, 196, 208

BIDET · 24, 28, 29, 30, 31, 35, 41, 42, 46, 48, 66, 76, 77, 100, 103, 142, 147, 157, 164, 168, 207

BLOAS · 24, 32, 33, 35, 36, 66, 67, 100, 103, 105, 118, 120, 126, 142, 152, 207

BONDUELLE · 24, 26, 46, 51, 66, 75, 79, 86, 89, 90, 118, 119, 130, 142, 154, 155, 164, 169, 170, 173, 208

C

CASTEL · 20, 24, 27, 28, 33, 38, 39, 64, 81, 86, 88, 98, 100, 104, 114, 204, 207

COUTANCEAU · 46, 58, 66, 76, 86, 94, 100, 109, 112, 113, 114, 142, 150, 158, 180, 208

D

DELHAYE · 24, 26, 39, 66, 70, 73, 74, 100, 105, 106, 109, 118, 121, 122, 128, 129, 208

DESBRUYERES · 24, 25, 32, 33, 86, 90, 133, 156, 182, 183, 184, 186, 208

G

GUILLAUME · 46, 49, 52, 57, 66, 74, 118, 131, 134, 142, 149, 159, 164, 171, 182, 192, 208

H

HERIN · 24, 26, 39, 66, 67, 73, 74, 100, 106, 109, 118, 121, 122, 128, 129, 208

J

JUSSELME · 118, 130, 136, 142, 150, 164, 182, 185, 186, 198, 208

M

MILLET · 24, 30, 37, 46, 49, 59, 66, 71, 86, 91, 92, 93, 142, 143, 164, 165, 166, 167, 182, 197, 207

P

PAGE · 46, 50, 100, 101, 118, 136, 142, 164, 175, 182, 185, 187, 192, 208

PANNETIER · 66, 78, 79, 80, 100, 108, 207

PARANTHOINE · 24, 29, 46, 51, 54, 55, 66, 74, 86, 87, 142, 151, 152, 207

PICHON · 24, 30, 46, 52, 66, 68, 86, 95, 100, 101, 102, 106, 142, 152, 182, 190, 208

PINEAU · 24, 31, 36, 46, 55, 66, 68, 100, 107, 118, 128, 164, 169, 170, 171, 207

R

RAIMBOURG · 46, 51, 100, 108, 118, 130, 142, 153, 164, 169, 208

RATEAU · 118, 131, 142, 154, 164, 173, 174, 208

ROUSSEAU · 24, 40, 46, 57, 66, 70, 86, 94, 118, 127, 133, 142, 156, 208

S

SENON · 46, 47, 55, 56, 59, 60, 66, 67, 96, 118, 124, 125, 140, 142, 144, 145, 146, 148, 157, 158, 159, 163, 164, 168, 176, 177, 182, 190, 198, 199, 208

Z

ZAGURY · 46, 53, 54, 55, 60, 66, 71, 84, 86, 88, 142, 155, 164, 167, 180, 182, 193, 194, 195, 199, 208

Table des matières

Principales abréviations ------------------------------------ *8*

Avant-Propos -- *9*

Préface -- *11*

Introduction --- *15*

Chapitre 1. La pertinence structurelle de la commission pluridisciplinaire des mesures de sûreté ----------------- *21*

Section 1. La légitimité de l'évaluation pluridisciplinaire---25

Section 2. L'absence problématique de criminologues au sein de la commission -------------------------------------32

Section 3. Le risque d'une défense d'intérêts primant l'évaluation de la dangerosité ------------------------------33

Section 4. L'utilisation controversée de la visioconférence 38

Chapitre 2. L'appréciation pragmatique de la notion d'état dangereux -- *43*

Section 1. La difficile définition de la notion de dangerosité --47

Section 2. La confusion trouble mental/criminalité induite par cette détermination malaisée des concepts -----------------54

Section 3. La question de l'utilisation problématique des échelles actuarielles de prédiction du risque --------------------58

Chapitre 3. L'influence processuelle de l'avis de la commission sur les juridictions d'application des peines ------- 63

Section 1. De l'expertise à l'avis de la commission : des magistrats toujours plus liés par les avis des experts ? ------- 67

Section 2. La décision de justice appréhendée comme une prise de risque ------- 72

Section 3. La tentation d'un positionnement sécurisant de la Cour d'assises ------- 77

Chapitre 4. Le poids des expertises de prédiction : entre faillibilité et surestimation des risques ------- 83

Section 1. Le postulat de la faillibilité de l'expertise ------- 87

Section 2. Une tendance constatée à la surestimation des risques ------- 91

Section 3. Exemple d'expertise de la dangerosité d'un détenu ------- 94

Chapitre 5. Le développement d'une gestion différentielle des profils de risque ------- 97

Section 1. Le risque d'un repositionnement sécuritaire de la commission ------- 101

Section 2. La substitution progressive des mesures de sûreté aux aménagements de peine ------- 105

Section 3. Le développement d'un régime différentiel de libération des détenus ------- 109

Chapitre 6. La rétention de sûreté, d'une justice de responsabilité vers une justice de sûreté ? ------- 115

Section 1. Le principe de l'enfermement post-sentenciel renouvelable sans limite ------- 119

Section 2. Le risque d'élargissement du champ de la rétention de sûreté -- **127**

Section3. La rétention de sûreté, substitut de la peine de mort ? --- **129**

Section 4. La difficile mise en place d'un travail social pour des mesures potentiellement infinies --------------------------- **133**

Chapitre 7. L'objectif de soin de la rétention de sûreté, second ou secondaire ? ------------------------------------ *139*

Section 1. Les difficultés préalables évidentes : confusion des notions psychiatriques et recherche de suivi efficace ---- **143**

Section 2. La réserve du Conseil constitutionnel, ou l'obligation de proposer effectivement des soins durant la détention --- **147**

Section 3. Le soin comme objectif secondaire de la rétention de sûreté --**151**

Chapitre 8. La place des criminels dans la société : de la technique juridique au débat sociétal ------------------- *161*

Section 1. L'image de « monstre » du criminel auteur de violences sexuelles --- **165**

Section 2. À la recherche de l'impossible risque zéro ---- **168**

Section 3. La confusion du traitement du responsable et de l'irresponsable et l'inévitable stigmatisation du malade mental -- **176**

Chapitre 9. Penser les enjeux présents, ou comment éviter l'impasse ? -------------------------------------*179*

Section 1. Le constat d'un déficit de sens de la peine, consécutif à la montée en puissance des mesures de sûreté-- **183**

Section 2. Le fonctionnement de la nouvelle architecture pénale entre les mains des professionnels : entre théorie et pratiques-------- 189

Section 3. Réflexions sur les études à mener : un enjeu démocratique -------- 197

Épilogue -------- *201*

Liste des entretiens réalisés -------- *207*

Index -------- *209*

Table des matières -------- *211*

L'HARMATTAN, ITALIA
Via Degli Artisti 15 ; 10124 Torino

L'HARMATTAN HONGRIE
Könyvesbolt ; Kossuth L. u. 14-16
1053 Budapest

L'HARMATTAN BURKINA FASO
Rue 15.167 Route du Pô Patte d'oie
12 BP 226
Ouagadougou 12
(00226) 76 59 79 86

ESPACE L'HARMATTAN KINSHASA
Faculté des Sciences Sociales,
Politiques et Administratives
BP243, KIN XI ; Université de Kinshasa

L'HARMATTAN GUINÉE
Almamya Rue KA 028
En face du restaurant le cèdre
OKB agency BP 3470 Conakry
(00224) 60 20 85 08
harmattanguinee@yahoo.fr

L'HARMATTAN CÔTE D'IVOIRE
M. Etien N'dah Ahmon
Résidence Karl / cité des arts
Abidjan-Cocody 03 BP 1588 Abidjan 03
(00225) 05 77 87 31

L'HARMATTAN MAURITANIE
Espace El Kettab du livre francophone
N° 472 avenue Palais des Congrès
BP 316 Nouakchott
(00222) 63 25 980

L'HARMATTAN CAMEROUN
BP 11486
(00237) 458 67 00
(00237) 976 61 66

564981 - Mai 2014
Achevé d'imprimer par